AI와 경력 전환 교육

AI총서

인공지능 시대입니다. 기계가 인간의 인지를 대신하고, 사물이 인간을 통하지 않고 다른 사물과 직접 커뮤니케이션합니다. 이에 따른 인간 삶과 문명 변화를 정확히 이해 · 예측 · 대응하는 것은 이 시대 우리 모두의 과제입니다. AI총서는 인공지능 기술과 환경의 여러 주제를 10가지 키워드로 정리합니다. 관련 개념과 이론, 학계와 산업계의 쟁점, 우리 일상의 변화를 다룹니다. 인간과 기술의 현재, 미래를 세심히 분석합니다.

일러두기

- 인명, 작품명, 저서명, 개념어 등은 한글과 함께 괄호 안에 해당 국가의 원어를 병기했습니다.
- 외래어 표기는 현행 어문규정의 외래어표기법을 따랐습니다. 다만 '파이썬'은 관행을 따랐습니다.

처음이세요?

전문가세요?

AI와 경력 전환 교육

이성태

대한민국, 서울, 커뮤니케이션북스, 2025

AI와 경력 전환 교육

지은이 이성태
펴낸이 박영률

초판 1쇄 펴낸날 2025년 12월 9일

커뮤니케이션북스(주)
출판 등록 2007년 8월 17일 제313-2007-000166호
02880 서울시 성북구 성북로 5-11
전화(02) 7474 001, 팩스(02) 736 5047
commbooks@commbooks.com
www.commbooks.com

ISBN 979-11-430-1181-7 03500

책값은 뒤표지에 표시되어 있습니다.

차례

왜, AI와 함께 경력을 새로 설계해야 할까

우리가 살아가는 세상은 날마다 빠르게 변화하고 있다. 디지털 기술, 특히 인공지능(AI, Artificial Intelligence)의 발전은 인간의 일하는 방식과 학습 방식은 물론, 앞으로 어떤 직업을 선택해야 할지에 대한 사고방식까지도 크게 바꾸고 있다. 과거에는 한 가지 직업을 오랫동안 지속하는 것이 일반적이었으나 오늘날에는 상황이 다르다. 기술이 빠르게 변화함에 따라 일부 직업은 사라지고, 이전에는 존재하지 않았던 새로운 직업이 생겨나고 있다.

이러한 변화의 흐름 속에서 우리는 '경력 전환(career transition)'이라는 개념을 자주 접하게 된다. 경력 전환이란 현재 종사하고 있는 일에서 벗어나 다른 직업으로 이동하거나 새로운 분야에 도전하는 과정을 의미한다. 예를 들어, 요리사로 일하던 사람이 IT 분야로 진출하거나 오랜 시간 사무직에 종사하던 이가 교육 분야로 진로를 변경하는 경우가 이에 해당한다. 이러한 변화는 단순한 이동을 넘어 삶의 방향을 새롭게 설계하는 과정이며, 이를 효과적이고 지능적으로 지원하는 도구로서 인공지능의 역할이 주목받고 있다.

이 책은 특히 '대형 언어 모델(LLM, Large Language Model)'이라는 AI 기술에 초점을 맞춘다. LLM은 사람의 언어를 이해하고 글을 생성하며 질문에 대한 답변을 제공할 수 있는 고도화된 인공지능 기술이다. 오늘날 널리 사용되는 챗봇이나 챗GPT(ChatGPT)와 같은 서비스들이 그 대표적인 예라 할 수 있다. 이 책은 이러한 LLM 기술이 경력 전환을 준비하는 학습자들에게 어떤 방식으로 도움을 줄 수 있는지를 쉽고 체계적으로 설명하고자 한다.

책의 구성

1장에서는 '경력 전환은 왜 중요한가'라는 주제를 다룬다. 오늘날 우리가 살아가는 시대는 이전과는 비교할 수 없을 정도로 빠르게 변화하고 있다. 특히 디지털 기술과 AI의 발전은 직업 세계에 큰 영향을 미치고 있다. 이는 단지 일부 산업에 국한된 것이 아니라 거의 모든 분야에 걸쳐 일어나고 있는 전방위적인 변화다. 기술 혁신은 인간이 수행하던 업무의 일부를 자동화하거나 대체하고 있으며, 이에 따라 이전의 직무가 축소되거나 완전히 사라지기도 한다. 반면, 과거에는 존재하지 않았던 새로운 형태의 직무가 등장하고 있으며, 이러한 변화는 앞으로도 지속될 것으로 보인다.

전통적으로는 하나의 직업을 선택하여 오랜 기간 동안 지속적으로 일하는 경향이 일반적이었다. 그러나 지금은 그렇지 않다. 동일한 직업을 평생 유지하는 것이 점점 어려워지고 있으며, 변화에 능동적으로 대응하지 못하는 경우 직업 세계에서 도태될 위험이 커지고 있다. 이처럼 급변하는 노동 환경 속에서 자신의 직무 역량을 주기적으로 점검하고, 필요할 경우 새로운 기술을 학습하거나 다른 분야로의 이동을 고려하는 '경력 전환'은 이제 선택이 아니라 필수적인 생존 전략이 되었다.

이 장에서는 이러한 사회적 배경을 바탕으로 경력 전환의 중요성을 살펴본다. 특히 인공지능, 빅데이터, 자동화, 클라우드 기술(Cloud Technology) 등 신기술의 확산은 노동의 성격과 요구 역량을 변화시키고 있으며, 이에 따라 직무 수행에 필요한 기술 역시 끊임없이 새로워지고 있다. 과거에 습득한 지식과 기술만으로는 더 이상 안정된 직업을 유지할 수 없는 시대가 도래한 것이다.

또한, 인공지능 기술, 특히 LLM은 개인의 경력 전환 과정을 효과적으로 지원하는 유용한 도구가 될 수 있다. LLM은 학습자의 현재 수준을 파악하고, 그에 맞는 학습 경로를 설계하며, 부족한 영역에 대한 맞춤형 피드백을 제공할 수 있다. 이를 통해 학습자는 보다 효율적이고 주도적으로 새로운 역량을 습득하고, 변화하는 직무 환경에 유연하게 적응할 수 있게 된다.

요컨대, 이 장은 '경력 전환'이라는 개념이 더 이상 특정 직업군이나 연령층에만 해당되는 예외적인 상황이 아니라 모든 세대와 직업인이 공통적으로 마주하게 되는 보편적 과제임을 강조한다. 독자들은 이 장을 통해 경력 전환의 필요성과 그 배경을 이해하고, 앞으로 자신이 어떤 방식으로 변화에 대응할 수 있을지를 생각해 보는 계기를 마련할 수 있을 것이다.

2장에서는 '대형 언어 모델이란 무엇인가'라는 주제를 통해 오늘날 인공지능 기술 중에서도 특히 주목받고 있는 '대형 언어 모델(LLM)'의 개념과 원리, 그리고 실제 활용 사례에 대해 알아본다. LLM은 인간의 언어를 이해하고 생성할 수 있는 능력을 갖춘 인공지능 기술로, 우리가 일상에서 사용하는 자연어를 컴퓨터가 처리할 수 있도록 만든 시스템이다.

쉽게 말해, LLM은 컴퓨터가 사람처럼 글을 읽고, 질문에 답하며, 새로운 문장을 만들어 낼 수 있도록 훈련된 언어 모델이다. 예를 들어, 사용자가 "오늘 날씨는 어때?"라고 질문을 하면, LLM은 자신이 학습한 방대한 정보를 바탕으로 그 질문에 가장 적절한 형태로 대답할 수 있다. 인터넷에서 최신 정보를 직접 검색하지 않더라도 학습된 데이터를 기반으로 합리적인 답변을 구성할 수 있는 것이다.

이러한 모델이 작동하기 위해서는 수많은 단어, 문장, 문서 등을 기반으로 한 학습이 필요하다. 실제로 LLM은 수백억 개 이상의 문장 데이터를 학습하여, 언어의 구조와 의미, 맥락을 이해하고 그것을 바탕으로 자연스러운 문장을 생성할 수 있도록 훈련된다. 이 과정은 기계 학습, 특히 '딥러닝(deep learning)'이라는 인공지능 기술을 통해 이루어진다. 딥러닝은 사람의 뇌처럼 작동하는 인공 신경망을 이용해 복잡한 데이터를 학습하고 예측하는 기술이다.

LLM은 이러한 학습을 바탕으로 다양한 언어 관련 작업을 수행할 수 있다. 예를 들어, 주어진 글을 요약하거나 번역하고, 질문에 대답하거나 글쓰기 과제를 도와줄 수 있다. 심지어 시나리오 작성, 기사 초안 작성, 이메일 작성 보조 등 창의적인 작업에도 활용할 수 있다. 이러한 기술은 이미 학교 교육, 기업의 고객 응대, 콘텐츠 제작, 소프트웨어 개발, 상담 시스템 등 다양한 분야에 실제로 도입되고 있다.

하지만 이처럼 편리하고 유용한 기술이라 하더라도 사용할 때 주의할 점이 있다. 대표적인 문제로 '환각(hallucination)'이라는 현상이 있는데, 이는 LLM이 실제로 존재하지 않는 정보를 사실인 것처럼 만들어 내는 현상이다. 또한, 학습 데이터에 포함된 편향이나 부정확한 정보가 그대로 모델에 반영돼 결과물에 영향을 줄 수 있다는 점도 주의해야 한다. 아울러 개인정보 보호나 저작권과 같은 윤리적 문제 또한 고려해야 할 중요한 요소다.

따라서 이 장은 LLM이 무엇인지, 어떻게 작동하는지에 대한 기술적 이해를 돕는 동시에, 그것이 사회와 교육, 일상생활에서 어떻게 활용되고 있으며, 사용 시 유의해야 할 점은 무엇인지를 균형 있게 설명하고자 한다. 이를 통해 LLM이라는 기술을 보다 현실적으로 이해하고, 자신의 삶 속에서 어떻게 활용할 수 있을지 생각해 보는 계기를 가질 수 있을 것이다.

3장에서는 '경력 전환 교육이란 무엇인가'라는 주제를 다룬다. 경력 전환 교육이란 개인이 현재 하고 있는 일에서 새로운 직업으로 옮기거나 전혀 다른 분야에 도전하고자 할 때, 그에 필요한 지식과 기술, 태도를 갖출 수 있도록 돕는 교육을 의미한다. 단순히 새로운 기술을 익히는 데 그치지 않고, 자신의 삶의 방향을 재설정하고 새로운 목표를 세우는 과정까지 포괄하는 보다 넓은 개념이다.

우리는 평생 동안 한 가지 일만 하며 살아가는 시대에 살고 있지 않다. 기술의 발달과 사회 변화로 인해 직업의 수명은 점점 짧아지고 있으며, 다양한 이유로 경력을 바꾸는 사람들이 늘어나고 있다. 어떤 사람은 산업의 변화로 인해 갖고 있던 직업을 유지하기 어려워져서, 또 다른 사람은 자신의 적성이나 가치관의 변화로 인해 새로운 분야에 도전하게 된다. 이러한 변화는 단지 외적인 기술 습득만으로 해결될 수 있는 것이 아니다. 진정한 의미의 경력 전환은 '앞으로 나는 어떤 사람으로 살아가고 싶은가'라는 내면의 질문에 스스로 답하고, 그에 따라 삶의 방향을 새롭게 설계하는 과정이기 때문이다.

경력 전환 교육은 다양한 교육학적 이론을 바탕으로 설계된다. 그중 대표적인 것이 성인 학습 이론(Andragogy, 앤드라고지)다. 맬컴 놀스(Malcolm Knowles)의 앤드라고지 이론에 따르면 성인 학습자는 어린이와 달리 자율성과 자기 주도성을 지닌 존재로, 학습 과정에서 자신의 경험을 중요한 자원으로 활용하며, 실제 삶과 밀접하게 관련된 내용에 더 큰 동기를 느낀다. 따라서 경력 전환 교육은 단순한 일방향적 전달식 교육이 아니라 학습자의 경험과 필요에 맞춘 맞춤형 교육이어야 한다.

또한, 경력 전환기에 있는 사람들은 종종 불안감과 정체성의 혼란을 겪는다. 이에 따라 단순히 기술을 가르치는 것이 아니라 심리적 회복과 자신감 회복, 새로운 정체성의 형성을 돕는 프로그램이 함께 이루어져야 한다. 예컨대, '경력 구성 이론(career construction theory)'에서는 개인의 경력을 하나의 이야기로 보고, 전환기의 학습자가 자신의 삶의 서사를 새롭게 구성할 수 있도록 돕는 것이 중요하다고 본다. 이는 학습자 스스로가 과거의 경험을 해석하고 현재를 진단하며 미래를 계획하는 일련의 과정을 통해 이루어진다.

더 나아가 경력 전환 교육은 일회성 교육으로 끝나는 것이 아니라 진단, 교육, 적용, 피드백, 재설계로 이어지는 연속적인 과정이어야 하며, 학습자의 생애 주기와 직업 경로에 따라 장기적으로 설계되어야 한다. 이를 위해 최근에는 디지털 기술을 기반으로 한 개인 맞춤형 학습 플랫폼이 활용되고 있으며, 학습자의 선호와 목표에 따라 다양한 형태로 교육 콘텐츠가 제공되고 있다.

요컨대 경력 전환 교육은 단순히 직업을 바꾸기 위한 준비 과정이 아니라 삶의 전환점에서 자신의 정체성을 재정립하고 의미 있는 삶을 설계하는 데 중요한 교육적 도구다. 이 장에서는 이러한 경력 전환 교육의 개념, 필요성 그리고 이를 뒷받침하는 교육 철학과 이론을 바탕으로 변화하는 시대에 맞는 새로운 교육 모델의 방향성을 제시하고자 한다. 독자들은 이 내용을 통해 자신의 경력을 능동적으로 설계하고, 변화에 주도적으로 대응할 수 있는 힘을 기를 수 있을 것이다.

4장에서는 'LLM을 활용하면 학습이 쉬워질까'라는 주제를 다룬다. 오늘날 학습 환경은 디지털 기술의 발전과 함께 빠르게 변화하고 있는데, 그 중심에는 인공지능, 특히 'LLM'이 있다. 이 장에서는 LLM이 어떻게 학습자 개개인의 학습을 돕고, 공부를 보다 쉽고 효과적으로 만들어 주는지를 다양한 사례와 함께 살펴본다.

LLM은 학습자가 어려움을 느끼는 부분을 반복적으로 설명하거나 이해 수준에 맞추어 설명의 난도를 조절하는 능력을 갖추고 있다. 예를 들어, 특정 개념을 처음 접하는 학습자가 "이게 무슨 뜻이야?"라고 물었을 때, LLM은 그 질문에 맞는 설명을 제공한다. 그리고 학습자가 이해를 하지 못하면 다시 더 쉽게 풀어 설명하거나 예시를 들어 가며 설명을 이어 나갈 수 있다. 마치 개인 튜터처럼 학습자의 수준과 상황에 맞추어 학습을 안내하는 것이다.

또한, LLM은 학습자의 부족한 부분을 진단하고, 그에 맞는 연습 문제나 학습 자료를 자동으로 생성할 수 있다. 예컨대 영어 단어를 자주 틀리는 학습자에게는 그 단어가 반복적으로 등장하는 문장을 제시하거나 수학에서 계산 실수가 많은 학생에게는 유사한 문제를 여러 형태로 제공하여 개념을 숙지시킨다. 이처럼 '맞춤형 학습(personalized learning)'이 가능하다는 점은 LLM이 이전의 획일화된 교육 방식과 뚜렷이 구별되는 지점이다.

이 장에서는 특히 '시뮬레이션 학습(simulation-based learning)'의 가능성도 소개하고 있다. 이는 실제와 유사한 상황을 가상으로 설정하고, 학습자가 그 상황에서 문제를 해결하거나 역할을 수행해 보는 방식이다. 예를 들어, 직장 상사와의 회의 장면을 LLM이 대화 형식으로 구성해 주면 학습자는 그 속에서 적절한 표현이나 대응을 연습해 볼 수 있다. 이런 형태의 학습은 단순한 이론 암기를 넘어 실제 상황에서의 대응력을 높이는 데 매우 효과적이다. 더 나아가 게임처럼 구성된 학습 시나리오를 통해 학습자는 몰입하면서도 부담 없이 학습에 참여할 수 있다.

LLM은 학습의 진행 과정에 따라 지속적으로 피드백을 제공하는 기능도 수행할 수 있다. 어떤 부분에서 오류가 있었는지를 알려 줄 뿐 아니라 왜 그 오류가 발생했는지를 설명하고, 이를 어떻게 개선할 수 있을지 구체적인 제안을 제시한다. 이와 같은 학습 피드백은 학습자가 자신의 사고 과정을 점검하고, 자기주도적 학습을 실현하는 데 중요한 역할을 한다.

이처럼 LLM을 활용한 학습은 단순히 정보를 제공하는 수준을 넘어 학습자의 현재 상태를 진단하고 개인의 필요에 맞는 자료를 제공하며, 학습의 방향을 조율해 주는 '디지털 학습 파트너'의 역할을 수행한다. 이에 따라 미래의 교육은 인간 교사와 LLM이 협력하는 형태로 변화할 가능성이 높다. 이는 교육의 질과 학습자의 학습 효율을 동시에 높이는 데 기여할 것으로 기대된다.

이 장은 LLM이 어떻게 학습자의 이해도와 학습 의욕을 높이고, 맞춤형 학습을 가능하게 하는지를 설명하며, 특히 시뮬레이션 학습과 실시간 피드백 기능을 통해 실제적인 역량을 기를 수 있는 구체적인 방법들을 제시하고자 한다. 독자들은 이를 통해 AI 기술이 학습을 돕는 방식에 대해 보다 명확한 그림을 그릴 수 있을 것이다.

5장에서는 'LLM을 교육에 활용하려면 어떻게 해야 할까'라는 주제를 다룬다. LLM은 단지 기술적으로 뛰어난 도구일 뿐만 아니라 교육 현장에 실제로 적용될 경우 학습자에게 큰 도움을 줄 수 있는 잠재력을 지니고 있다. 그러나 이러한 잠재력을 제대로 실현하기 위해서는 몇 가지 중요한 요소를 사전에 고려하고 준비할 필요가 있다. 이 장에서는 LLM을 교육에 성공적으로 적용하기 위한 단계별 전략과 실제적인 운영 방안을 제시한다.

가장 먼저 필요한 것은 교육 목표의 명확화다. 어떤 교육 목적을 위해 LLM을 활용할 것인지, 예컨대 학습자의 이해도 향상, 자기 주도 학습 지원, 피드백 자동화 등의 구체적인 목표가 설정되어야 한다. 목표가 분명하지 않으면 LLM을 단순한 대화 도구 이상으로 발전시키기 어렵고, 학습 성과를 측정하는 기준 또한 모호해질 수 있다.

다음으로는 사용자 설정과 기술 환경 구성이 중요하다. LLM을 누가 사용할 것인지—교사인지, 학생인지, 혹은 모두인지—에 따라 시스템 설계와 인터페이스, 접근 방식이 달라져야 한다. 또한 어떤 도구(예: LMS, 챗봇, 교육 앱 등)와 연동하여 운영할 것인지도 사전에 계획되어야 하며, 이를 위해 기술적인 지원 체계와 사용자의 디지털 역량에 대한 고려가 함께 이루어져야 한다.

LLM을 교육에 적용하는 데 중요한 또 다른 요소는 학습자의 반응과 피드백을 지속적으로 수집하고 반영하는 체계다. 초기 도입 단계에서 학습자가 어떤 부분에서 만족감을 느끼는지 또는 어떤 부분이 불편하거나 이해하기 어려웠는지를 면밀히 파악하는 것이 중요하다. 이를 위해 간단한 설문 조사, 인터뷰, 로그 분석 등의 방법을 활용할 수 있으며, 수집된 데이터는 LLM 시스템의 기능 개선, 콘텐츠 보완, 인터페이스 조정 등에 유용하게 활용될 수 있다.

예를 들어, 어떤 학습자가 LLM이 제공하는 설명이 너무 어렵다고 느꼈다면 그 학습자의 수준에 맞추어 설명을 자동으로 조정하거나 추가 예시를 제공하는 기능이 반영될 수 있다. 이렇게 학습자 중심의 피드백 루프(feedback loop)를 갖춘 시스템은 시간이 지날수록 점점 더 정교하고 효율적인 학습 도구로 진화할 수 있다.

또한, 윤리적 고려와 개인정보 보호도 빠뜨릴 수 없는 중요한 문제다. LLM이 학습자의 데이터를 수집하고 분석하는 과정에서 개인정보가 외부에 유출되거나 알고리즘 편향으로 인한 부정확한 정보 제공이 이루어지지 않도록 관리해야 한다. 따라서 기술 도입 시에는 반드시 데이터 보호 기준을 마련하고, 교사와 학생 모두가 그 기준을 이해하고 따를 수 있도록 교육이 병행되어야 한다.

이 장은 LLM을 교육 현장에 실제로 통합하기 위해 필요한 준비 요소와 실천 전략을 단계적으로 안내한다. 목표 설정, 사용자 정의, 기술 연동, 피드백 수렴, 시스템 개선의 순환 구조를 통해 LLM은 단순한 기술 도입을 넘어, 학습자에게 실질적 도움을 주는 '교육 파트너'로 자리매김할 수 있다. 독자들은 이 내용을 통해 기술과 교육이 어떻게 연결되어야 효과적인 학습 환경이 만들어질 수 있는지를 구체적으로 이해할 수 있을 것이다.

6장에서는 'LLM은 경력 전환에 어떤 도움을 줄까'라는 주제를 다룬다. 누구나 한 번쯤은 "나는 앞으로 어떤 일을 하면 좋을까?", "지금 하는 일을 계속해도 괜찮을까?", "새로운 분야로 전향하려면 무엇부터 준비해야 할까?"와 같은 고민을 하게 된다. 이러한 고민은 단순한 진로 선택을 넘어 자신의 삶의 방향과 정체성을 새롭게 정립하는 중요한 과정이다. 이때, 인공지능 기술 중 하나인 LLM은 경력 전환을 준비하는 사람들에게 매우 유용한 도구가 될 수 있다.

LLM은 사용자가 입력한 정보를 분석하고, 그에 맞는 조언이나 학습 자료, 계획 등을 제공할 수 있는 능력을 갖추고 있다. 예를 들어, 사용자가 자신의 이력서나 경력 정보를 입력하면, LLM은 이를 바탕으로 현재 갖추고 있는 기술과 경험을 파악하고, 어떤 부분이 부족한지 어떤 능력을 더 키워야 하는지를 분석해 준다. 그리고 그

부족한 부분을 채우기 위해 어떤 공부를 해야 할지 구체적인 학습 계획까지 제시할 수 있다.

예를 들어, 한 사용자가 "나는 요리를 전공했지만 IT 분야로 전향하고 싶어요"라고 LLM에게 말하면, LLM은 해당 사용자의 배경을 고려하여 "프로그래머가 되기 위해서는 컴퓨터 언어 중 하나를 먼저 배워야 하며, 그 중 파이썬(Python)이 입문자에게 적합하다. 먼저 파이썬의 기초 문법을 익히고, 이후에는 간단한 프로그램을 만들어 보는 실습을 권장합니다"와 같은 식의 단계별 계획을 제안해 줄 수 있다.

또한 LLM은 다양한 직업군에 대해 어떤 역량이 요구되는지도 알려 줄 수 있다. 예를 들어, "UX(User Experience, 사용자 경험) 디자이너가 되려면 어떤 능력이 필요한가요?"라고 물으면, LLM은 디자인 툴 활용 능력, 사용자 경험에 대한 이해, 협업 능력 등 필요한 요소들을 구체적으로 설명해 준다. 이를 통해 학습자는 단순한 직업 정보뿐만 아니라 실제 그 직업을 준비하기 위한 방향성과 실천 전략까지 함께 얻을 수 있다.

더 나아가 LLM은 다양한 진로 선택지를 비교해 보는 데도 도움을 준다. "데이터 분석가와 웹 개발자의 차이는 무엇인가요?"처럼 두 직업을 비교해 달라고 하면 보면, LLM은 각 직업의 업무 성격, 필요한 기술, 성장 가능성 등을 비교 정리하여 사용자가 보다 합리적인 결정을 내릴 수 있도록 도와준다.

그뿐만 아니라 LLM은 학습자가 어떤 방식으로 공부할 때 효과적인지에 대한 조언도 제공한다. 예를 들어, 어떤 사람은 영상으로 배우는 것이 더 익숙할 수 있고, 또 어떤 사람은 글을 읽고 요약하는 방식이 더 잘 맞을 수 있다. LLM은 사용자의 학습 선호도에 맞춰 자료를 추천하거나 학습 경로를 설계해 줄 수 있어 경력 전환 과정에서 학습자의 부담을 덜어 주고 자신감을 높여 준다.

이 장에서는 LLM이 단순한 정보 제공 수준을 넘어 경력 전환 과정에서 자기 진단, 목표 설정, 학습 설계, 진로 탐색이라는 전 과정을 함께할 수 있는 디지털 경력 코치로서의 역할을 수행할 수 있음을 설명한다. 독자들은 이를 통해 LLM을 활용하면 막막하게 느껴졌던 경력 전환의 여정이 보다 체계적이고 자신감 있는 과정으로 바뀔 수 있다는 사실을 확인할 수 있을 것이다.

7장에서는 'AI 시대에 필요한 능력, LLM 리터러시'를 알아본다. 오늘날 우리는 인공지능, 특히 LLM과 함께 살아가는 시대에 살고 있다. 인터넷 검색을 넘어 질문에 직접 답을 해 주고, 글을 요약하거나 창작해 주는 인공지능은 점점 더 많은 사람들의 일상과 학습, 업무에 깊숙이 자리 잡고 있다. 이러한 변화 속에서 중요한 것은 단순히 AI 기술을 '사용할 줄 아는 것'이 아니라 AI가 제공하는 정보를 올바르게 이해하고 판단하며, 효과적으로 활용할 수 있는 능력이다. 바로 이것이 'LLM 리터러시'다.

'리터러시(literacy)'란 단어는 원래 글을 읽고 쓰는 능력을 뜻했지만, 오늘날에는 정보를 이해하고 분석하며, 그것을 실제로 활용하는 능력까지 포함하는 더 넓은 개념으로 쓰이고 있다. 따라서 'LLM 리터러시'란 LLM이 제공하는 정보나 응답을 단순히 받아들이는 데 그치지 않고, 그 정보가 정확한지, 편향되지는 않았는지, 내 상황에 맞는지를 비판적으로 판단하고 활용하는 능력을 의미한다.

예를 들어, 어떤 학습자가 "미래에 유망한 직업이 무엇인가요?"라고 LLM에게 물었을 때, AI는 다양한 자료를 바탕으로 답을 제공할 수 있다. 하지만 그 정보가 최신인지, 특정 국가나 문화에 치우친 것은 아닌지, 객관적 근거가 있는지를 사용자가 스스로 따져 볼 수 있어야 한다. 그렇지 않으면 잘못된 방향으로 진로를 설정하거나 편향된 정보를 그대로 믿게 되는 위험이 있다.

이 장에서는 LLM 리터러시를 기르기 위한 몇 가지 핵심 요소를 소개한다. 첫째, 비판적 사고(critical thinking) 능력이다. AI의 응답이 항상 정답은 아니기에 그것을 맹신하기보다 다양한 관점에서 검토하고 비교하는 태도가 필요하다. 둘째, 정보 활용 능력이다. AI가 제공하는 정보 중에서 자신에게 필요한 부분을 선별하고, 그것을 학습이나 문제 해결에 어떻게 연결할지 판단하는 능력이 필요하다. 셋째, 자기 주도 학습 능력이다. LLM은 학습자의 질문에 따라 다양한 정보를 제공할 수 있기 때문에 학습자가 스스로 목표를 설정하고 필요한 질문을 던지며 배움을 이어 가는 태도가 중요하다.

더불어, LLM 리터러시는 단지 기술을 사용하는 '스킬'이 아니라 디지털 사회에서의 시민 의식과도 연결된다. AI 기술은 점점 더 사회 전반에 영향을 미치고 있으며, 이를 윤리적으로 책임감 있게 사용하는 자세가 그 어느 때보다 중요해졌다. 가짜 뉴스, 혐오 표현, 알고리즘 편향 등 다양한 문제가 AI 환경 속에서 발생할 수 있기 때문이다. 따라서 우리는 AI 기술을 비판적으로 바라보면서도, 이를 도구로 삼아 자신의 성장을 이끌어 내는 능력을 갖추어야 한다.

이 장은 독자들에게 LLM 리터러시의 개념과 중요성을 설명하며, AI 시대를 살아가는 데 왜 이 능력이 필수

인지에 대해 구체적인 사례와 함께 전달하고자 한다. 독자들은 이를 통해 단순한 AI 사용자에서 한 걸음 더 나아가 AI를 적극적이고 지혜롭게 활용하는 디지털 시민으로 성장할 수 있는 기반을 마련하게 될 것이다.

8장에서는 'AI를 사용할 때 지켜야 할 윤리'라는 주제를 다룬다. AI는 빠르게 발전하고 있으며, 우리 생활 속에 깊숙이 들어와 있다. 특히 LLM과 같은 AI는 학습, 업무, 창작, 상담 등 다양한 분야에서 사람들을 도와주고 있다. 하지만 기술이 아무리 편리하다고 하더라도 그것을 올바르게 사용하기 위한 '윤리'는 반드시 필요하다. 이 장에서는 AI를 사용할 때 우리가 반드시 생각하고 지켜야 할 윤리적 기준에 대해 다룬다.

우선 알아야 할 점은 AI도 사람처럼 실수할 수 있다는 것이다. LLM은 많은 데이터를 학습하여 언어를 생성하지만, 그 과정에서 사실과 다른 정보를 제시하거나 특정 관점에 치우친 답변을 하기도 한다. 예를 들어, 인터넷에 있는 글 중 특정 성별이나 직업군에 대해 편견이 담긴 표현이 많았다면, LLM은 그러한 편향된 내용을 그대로 학습할 수 있다. 이처럼 AI의 응답은 항상 객관적이거나 중립적이지 않기 때문에, 사용자는 그 내용을 그대로 믿기보다는 비판적으로 판단할 수 있는 능력을 가져야 한다.

개인정보 보호도 매우 중요한 문제다. AI를 사용하는 과정에서 사용자가 입력한 정보가 저장되거나 외부로 유출될 가능성이 있기 때문이다. 특히 교육 현장에서 학생의 이름, 학교, 가족 상황과 같은 민감한 정보를 AI에 입력할 경우, 그러한 정보가 시스템에 남거나 잘못 사용될 수 있다. 따라서 AI를 사용할 때는 어떤 정보를 입력해도 되는지, 어떻게 저장되고 보호되는지를 명확히 이해하고 주의해야 한다.

이 장에서는 AI 윤리와 관련된 몇 가지 중요한 질문을 제시하고, 함께 생각해 보기를 권한다. 예를 들어, AI가 만든 글이나 이미지에 대해 누가 책임을 져야 할까? LLM이 생성한 콘텐츠로 인해 누군가가 피해를 입었다면 그 책임은 AI를 만든 사람에게 있을까 아니면 그것을 사용한 사람에게 있을까? 또, AI가 차별적이거나 폭력적인 표현을 했다면 우리는 그것을 어떻게 다루고, 어떤 기준으로 수정하고 통제해야 할까?

이러한 질문은 단순한 기술 문제가 아니라 사회 전체가 함께 고민해야 할 윤리적 과제다. 특히 교육 현장에서 AI를 활용할 때는 더욱 세심한 주의가 필요하다. 예를 들어, AI가 제공하는 정보를 그대로 시험 문제로 사용하거나 학생에게 답을 대신 쓰게 하는 경우가 생긴다면 학습의 본질이 훼손될 수 있다. 따라서 교사와 학습자 모두 AI의 장점을 잘 활용하되 그에 따르는 책임과 주의 사항을 충분히 인식하고 있어야 한다.

AI 윤리는 단지 문제를 피하기 위한 규칙이 아니라 더 나은 사회와 교육을 만들기 위한 약속이다. 이 장에서는 그러한 약속을 지키기 위해 우리가 가져야 할 태도와 생각 그리고 실제로 지켜야 할 기준들에 대해 살펴본다. 독자들은 이를 통해 AI를 보다 책임 있게 그리고 신중하게 활용하는 방법을 배우게 될 것이다. AI와 함께 살아가는 시대일수록 사람의 윤리적 판단과 성숙한 태도는 더욱 중요한 가치가 된다.

9장의 질문은 다음과 같다. 'AI와 함께하는 평생 학습, 어떤 모습일까?' 오늘날 우리는 빠르게 변화하는 사회 속에서 살아가고 있다. 기술은 끊임없이 발전하고 있고, 직업의 형태도 계속해서 바뀌고 있다. 예전에는 학교를 졸업하면 학습의 여정이 끝난다고 여겼지만, 이제는 그런 생각이 더 이상 통하지 않는다. 하나의 직업만으로 평생을 살아가기 어려운 시대가 되었고, 새로운 기술과 지식을 끊임없이 배워야만 변화에 뒤처지지 않을 수 있다. 이처럼 전 생애에 걸쳐 배우는 '평생 학습'이 점점 더 중요해지고 있다.

이 장에서는 인공지능, 그중에서도 LLM이 평생 학습의 동반자로서 어떤 역할을 할 수 있는지를 살펴본다. LLM은 시간이나 장소, 연령에 구애받지 않고 누구나 학습을 이어 갈 수 있도록 도와주는 강력한 도구다. 예를 들어, 어떤 사람은 퇴근 후 자기 계발을 위해 공부하고 싶지만 정해진 시간에 학원을 다니는 것이 어렵다. 또 어떤 사람은 나이가 많아 새로운 기술을 어디서부터 어떻게 배워야 할지 막막할 수 있다. 이럴 때 LLM은 개인의 상황과 수준에 맞는 학습 경로를 제시하고, 궁금한 내용을 즉시 설명해 주는 '디지털 학습 조력자'가 되어 준다.

LLM은 단순히 정보를 제공하는 데 그치지 않고, 학습자의 진도와 수준을 파악하여 필요한 자료를 제시하거나 반복 학습이 필요한 부분을 짚어 주는 등 맞춤형 학습을 가능하게 한다. 예를 들어 "엑셀을 처음 배우고 싶어요"라고 하면 기초적인 용어부터 실습 예제까지 단계별로 안내해 주며, 사용자가 어느 정도 이해했는지를 확인하면서 학습을 이어갈 수 있도록 도와준다.

또한 이 장에서는 학교와 기업이 함께 평생 학습을 지원하는 구조도 소개한다. 대학과 같은 교육 기관은 새로운 기술과 지식을 체계적으로 전달하는 역할을 하며, 기업은 실무에 필요한 역량을 학습할 수 있는 기회를 제공한다. 이러한 과정에서 LLM은 학습자 개인의 목표와 직업적 필요에 맞는 콘텐츠를 연결해 주는 매개체 역할을 한다. 예를 들어, 회사에서는 LLM 기반 플랫폼을 통해 직원들이 새로운 소프트웨어를 자율적으로 학습하거나 특정 업무에 필요한 자격증을 준비할 수 있도록 지원할 수 있다.

나아가 AI 기반의 평생 학습은 단지 지식 전달에 그치지 않고, 자기 주도 학습과 능동적인 진로 탐색을 가능하게 한다. 학습자는 AI의 도움을 받아 자신의 흥미와 적성, 삶의 방향성에 맞는 학습 경로를 설계할 수 있다. 이는 단순한 기술 습득을 넘어서 학습자가 지속적인 성장과 변화에 적응할 수 있는 힘을 길러 준다.

이처럼 AI는 학습을 보다 유연하고 개인화된 방식으로 변화시키고 있다. '원하는 때, 원하는 방식으로 배우는 것'이 더 이상 이상적인 목표가 아니라, 실제로 가능한 현실이 되어 가고 있는 것이다. 이러한 학습 환경은 특히 경력 전환을 고민하는 성인 학습자나 새로운 도전에 나서는 사람들에게 큰 희망과 기회를 제공한다.

이 장은 AI, 특히 LLM이 미래의 평생 학습을 어떻게 바꾸고 있는지를 보여 주고자 한다. 기술과 사람이 협력하는 배움의 시대에 우리는 언제든지 새로운 출발을 할 수 있다. 그리고 그 여정의 중심에 바로 AI와 함께하는 지혜로운 학습자로서의 우리의 모습이 자리 잡고 있다.

10장의 '디지털 시대의 교육, 앞으로 어떻게 바뀔까'라는 주제에서는 지금까지 다뤄 온 내용을 바탕으로, 디지털 시대에 교육이 어떤 방향으로 발전해 나갈지를 전망하고자 한다. 기술의 발전, 특히 AI와 LLM의 등장은 교육의 개념과 방식에 근본적인 변화를 가져오고 있다. 단순히 새로운 도구를 사용하는 것을 넘어 학습의 주체와 방식, 목표 자체가 바뀌고 있는 것이다.

무엇보다 큰 변화는 개인의 삶과 목적에 맞춘 '맞춤형 학습'이 가능해졌다는 점이다. 과거에는 정해진 교과서와 일정에 따라 모두가 같은 내용을 같은 방식으로 배우는 것이 일반적이었다. 그러나 AI를 활용한 교육은 학습자의 수준과 관심, 목표에 따라 교육 내용을 조정하고, 필요한 순간에 적절한 도움을 줄 수 있다. 예를 들어, 어떤 학습자는 기초부터 차근차근 배워야 할 수도 있고, 또 다른 학습자는 심화된 내용이나 실전 연습이 필요할 수도 있다. LLM은 이러한 개인의 차이를 이해하고, 그에 맞는 정보를 제공하며, 실시간 피드백을 통해 학습을 도와준다.

또한, 미래의 교육은 단지 지식 전달에 머무르지 않고, 창의적 문제 해결과 진로 설계까지 확장되는 형태로 변화하고 있다. 학습자는 단순히 '무엇을 아는가'가 아니라, '어떻게 생각하고 행동할 것인가'를 중심으로 자신의 삶을 설계하게 된다. AI는 학습자가 자신만의 질문을 던지고, 그것을 스스로 탐구하며, 삶의 방향을 구체화해 나가는 데 든든한 동반자가 되어 줄 수 있다.

특히 경력 전환과 같은 삶의 중요한 전환점을 맞이할 때, AI는 매우 실질적인 도움을 줄 수 있다. 진로 탐색, 기술 습득, 학습 계획 수립, 이력서 작성, 모의 면접 등 다양한 단계에서 LLM은 현실적인 가이드를 제공하고, 불안감을 줄이며, 자기 확신을 심어 주는 역할을 한다. 이는 단지 정보 제공을 넘어서 심리적 · 사회적 지지 기반으로서의 AI 가능성까지 보여 주는 중요한 변화다.

한편, 이러한 변화는 교육 기관과 교사에게도 새로운 과제를 던져 준다. 이제 교사는 지식을 일방적으로 전달하는 역할을 넘어 AI와 협력하여 학습자에게 더 깊은 사고와 의미 있는 학습 경험을 제공하는 조력자로서의 정체성을 새롭게 정립해야 한다. 교육 기관 또한 AI를 어떻게 통합하고, 학습 환경을 어떻게 설계할 것인지에 대한 고민과 실천이 필요한 시점이다.

결국 디지털 시대의 교육은 모든 학습자가 주도적으로 자신의 삶을 설계하고, 그 여정에 AI가 함께하는 협력적 모델로 진화할 것이다. 이 책은 그러한 변화의 길목에서 누구나 경력 전환을 준비할 수 있고, AI 기술을 통해 더 나은 방향으로 나아갈 수 있음을 강조하고자 했다. 이제는 '한 번 배우고 끝나는 교육'이 아니라, '평생에 걸쳐 배우고 성장하는 교육'의 시대로 접어들고 있다. 그리고 그 과정에서 AI는 단순한 기술을 넘어 개인의 성장을 함께 이끄는 파트너로 자리 잡게 될 것이다.

이 책이 독자 여러분이 디지털 전환 시대에 필요한 새로운 교육의 의미를 이해하고, 스스로의 경력을 설계해 나가는 데 작은 도움이 되기를 바란다. 경력 전환은 더 이상 낯선 도전이 아니라 누구나 겪을 수 있는 자연스러운 변화이며, 그 여정에 인공지능은 언제나 곁에서 함께할 것이다.

01
경력 전환은 왜 중요한가

경력 전환은 단순한 직업 변경을 넘어 자기 주도적 삶과 지속 가능한 생애 경력 개발을 위한 핵심 경로로 작용한다. 이를 실현하기 위해서는 변화하는 직업 환경에 맞는 지속적인 기술 습득이 필요한데, 특히 데이터 분석, AI 활용, 디지털 소통 역량 등은 미래 핵심 기술로 자리 잡고 있다. 이러한 기술 습득과 경력 설계를 지원하는 데 AI와 LLM의 역할은 결정적이다. LLM은 학습자의 수준과 목표에 따라 개인화된 학습 경로를 설계하고, 실시간 맞춤형 피드백을 제공해 경력 전환 교육의 질과 효과를 크게 높이고 있다.

기후 위기와 인공지능?

디지털 전환이 직업 세계에 미치는 영향

오늘날의 직업 세계는 디지털 기술의 빠른 발전으로 인해 과거와는 전혀 다른 양상을 보이고 있다. AI, 빅데이터, 자동화 시스템, 클라우드 컴퓨팅(Cloud Computing) 등은 단순히 특정 산업만을 바꾸는 것이 아니라, 거의 모든 분야에서 일의 방식과 직무의 내용을 근본적으로 변화시키고 있다.

예를 들어, 반복적이고 정형화된 업무는 점점 더 자동화되고 있으며, 디지털 기술은 인간의 인지적 판단이나 의사 결정을 보조하거나 대체하고 있다. 이로 인해 일부 전통적인 직무는 축소되거나 사라지는 반면, 데이터 분석가, 디지털 윤리 전문가, 클라우드 아키텍트, 디지털 마케터, AI 커뮤니케이션 코디네이터 등 신직종이 새롭게 떠오르고 있다.

이러한 변화는 단기적인 유행이 아니라 구조적인 흐름이며, 디지털 기술이 계속 진화함에 따라 직무의 정의 자체가 지속적으로 재구성되고 있다. 개인이 이에 적절히 대응하지 못할 경우, 노동 시장에서 도태될 가능성이 커지며, 이는 곧 생계와 자아실현의 위기로 이어질 수 있다. 결국 디지털 전환은 단순한 기술 변화가 아니라, 개인의 직업 생애 전체를 재설계하게 만드는 패러다임 전환이다.

더 나아가 디지털 전환은 직무 수행 방식의 유연성과 융합적 사고를 요구한다. 이제는 한 가지 기술만을 깊이 아는 전문가보다, 여러 도구를 연결하고 문제 해결에 적용할 수 있는 'T자형 인재'가 각광받고 있다. 협업, 커뮤니케이션, 디지털 도구에 대한 이해가 기본 소양이 되고 있으며, 이러한 복합적 능력을 갖춘 인재는 급변하는 산업 환경 속에서 더 높은 유연성과 생존력을 확보하게 된다.

경력 관리는 이제 생존 전략이다

전에는 한 직장 또는 한 직무에서 오랜 기간 일하는 것이 일반적이었다. 하지만 이제는 예측 불가능한 변화가 일상이 되었고, 이에 따라 경력 역시 유연하고 다층적인 개념으로 바뀌고 있다. 한 가지 일을 오래하는 것이 더 이상 안정적이지 않으며, 다양한 분야를 넘나드는 방식의 경력 경로가 보편화되고 있다.

이런 시대에는 스스로 자신의 역량을 점검하고, 필요할 경우 새로운 분야로의 이동이나 기술 습득을 계획하는 자기 주도적인 경력 관리가 필수다. 특히 경력 전환 교육은 이러한 경력 관리를 실현하는 핵심 수단 중 하나다. 이 교육은 단순히 기술을 익히는 데 그치지 않고, 자기 이해, 목표 설정, 새로운 사회적 관계 형성 등 포괄적인 성장을 도모할 수 있도록 돕는다.

따라서 경력 관리는 더 이상 선택의 문제가 아니며, 변화 속에서 생존하고 성장하기 위한 전략적 행위다.

기술 습득, 더 이상 전문가만의 일이 아니다.

디지털 전환 시대의 중요한 특징 중 하나는 기술의 생명주기가 매우 짧아졌다는 점이다. 과거에는 한 번 익힌 기술로 오랫동안 일할 수 있었지만, 오늘날에는 새로운 기술이 빠르게 등장하고 예전 기술은 금세 뒤처지게 된다.

이렇게 빠르게 변화하는 환경에서는 현재 자신의 직무와 직접 관련되지 않더라도 새로운 기술을 꾸준히 배우는 노력이 필요하다.

예컨대 데이터 분석, 클라우드 환경(Cloud Environment)의 이해, 디지털 커뮤니케이션, 인공지능 도구의 활용 역량 등은 특정 전문 직종에만 필요한 것이 아니라 거의 모든 산업 분야에서 기본 역량으로 요구되고 있다. 교육, 행정, 금융, 디자인, 의료 등 어느 분야든 디지털 기술은 업무의 효율성과 창의성을 높이는 필수 도구로 작용하고 있기 때문이다.

따라서 기술 습득은 이제 전문가만의 몫이 아니다. 미래의 직업을 준비하고 싶다면 평범한 사람이라도 일상에서 기술을 배우고 활용할 수 있어야 한다. 이것이 바로 개인의 생존 가능성을 높이는 현실적인 전략이다.

AI와 대형 언어 모델의 역할

최근 등장한 인공지능 기술 중에서도 특히 주목받는 것은 '대형 언어 모델(LLM, Large Language Model)'이다. 이는 인간의 언어를 이해하고 생성하는 능력을 가진 인공지능으로, 대표적인 예가 챗GPT와 같은 도구다. 이 기술은 단순한 질의응답을 넘어 개인의 학습 상황과 목표에 맞는 콘텐츠를 추천하거나 학습 내용을 쉽게 설명하고 반복 학습을 도와주는 등 다양한 방식으로 교육을 지원한다.

LLM은 학습자의 수준, 배경, 관심사 등을 분석하여 개인에게 가장 적합한 학습 경로를 설계할 수 있으며, 실시간으로 피드백을 제공하여 학습의 질을 높인다. 예를 들어 어떤 개념을 잘 이해하지 못하면 보다 쉬운 언어로 다시 설명하거나 비슷한 예시를 통해 이해를 도울 수 있다.

이러한 기능은 특히 경력 전환을 준비하는 사람들에게 매우 유용하다. 왜냐하면 경력 전환 과정은 대부분 자기 주도적으로 이루어지며, 꾸준한 동기 부여와 효율적인 학습이 무엇보다 중요하기 때문이다.

결국 AI와 LLM은 경력 전환 교육을 정해진 커리큘럼을 따라가는 수동적인 과정이 아니라 학습자의 필요와 변화에 따라 진화하는 '맞춤형 학습 여정'으로 변화시키는 핵심 도구가 된다.

AI가 모든 문제의 해답이 될 수는 없다

AI의 활용은 철저한 인간 이해와 교육 철학 위에서만 의미를 가진다. 기술은 어디까지나 수단일 뿐이며, 학습자 스스로가 비판적 사고, 창의성, 문제 해결력, 공동체적 책임감 등의 역량을 바탕으로 AI를 활용할 수 있어야 한다. 따라서 이 책은 기술 리터러시, 그중에서도 'LLM 리터러시'를 중심 역량으로 제시했다. 이는 단순히 생성형 AI 툴을 다루는 기술을 넘어서, 알고리즘의 편향을 이해하고, 데이터 윤리를 인식하며, AI가 제시하는 정보의 의미를 해석하고 판단할 수 있는 능력까지 포괄한다.

경력이 있는 사람일수록 종종 '배운 것을 아는 대로 쓴다'는 관성에 빠지기 쉽다. LLM이 생성한 결과를 비판 없이 그대로 복사하여 자기소개서나 제안서에 사용하는 경우, 자신도 모르게 표절 문제에 휘말릴 수 있으며, 이는 경력의 신뢰를 무너뜨리는 결과로 이어진다. 또한, 생성형 AI가 제공하는 정보가 반드시 정답이 아니며, 편향된 학습 데이터로부터 나온 오류일 수 있다는 점도 반드시 인식해야 한다. 고도로 발달한 기술일수록, 인간의 책임은 더욱 강화되어야 한다.

더 나아가, LLM은 직무 정보 분석, 이력서 작성 코칭, 자기 진단형 역량 평가, 직무 재설계 시뮬레이션 등 다양한 경력 전환 툴과 연동될 수 있으며, 이는 노동 시장 내 다양한 주체들–학습자, 훈련기관, 고용센터, 기업 인사팀–의 정보 격차를 줄이고, 보다 정교한 경력 설계를 가능하게 만든다. 다만, 그 기반에는 기술의 맹신이 아니라, 인간의 성장 가능성에 대한 믿음이 놓여야 한다.

결국 한 가지 질문으로 돌아온다. "왜, 우리는 AI와 함께 경력을 새롭게 설계해야 하는가?" 그 이유는 단순하다. 더 이상 미래를 예측할 수 없는 시대에, 인간은 끊임없이 적응하고 재구성하며 성장해야 하기 때문이다. 그리고 그 과정에서 AI는 지침서가 아니라, 함께 대화하고 길을 찾아가는 동료가 되어 줄 수 있다. 우리 앞에 펼쳐진 새로운 경력 설계의 여정에서, AI와의 협업은 선택이 아니라 필수가 되어 가고 있다.

이제 각자의 자리에서 이 질문을 다시 던져 보기를 바

란다. "나는 지금, 어떤 삶을 그리고 있으며, AI와 함께 그 길을 어떻게 걸어갈 것인가?"

참고문헌

McKinsey Global Institute(2017). Jobs lost, jobs gained: Workforce transitions in a time of automation.

OECD(2018). The future of education and skills: Education 2030.

OpenAI(2023). GPT-4 technical report. https://cdn.openai.com/papers/gpt-4.pdf

Selwyn, N.(2019). *Should robots replace teachers?: AI and the future of education.* Polity Press.

Siemens, G.(2013). Learning analytics: The emergence of a discipline. *American Behavioral Scientist, 57*(10), pp.1380~1400.

UNESCO(2019). Futures of education: Learning to become.

World Economic Forum(2023). Future of jobs report 2023.

02
대형 언어 모델이란 무엇인가

대형 언어 모델은 컴퓨터가 사람의 언어를 이해하고, 그에 맞는 문장을 생성할 수 있도록 훈련된 인공지능 시스템이다. 사용자의 질문에 대답하거나 글을 요약하고 번역하며, 심지어 새로운 이야기를 만들어 내는 것까지 가능하다. 이러한 기술은 교육, 업무, 창작 등 우리의 삶과 밀접한 영역에서 실제로 활용되고 있다. 대형 언어 모델이 무엇인지, 어떻게 작동하는지, 어떤 기술을 기반으로 만들어졌는지에 대해 살펴보고 자신의 삶이나 경력 전환 과정에서 어떻게 활용할 수 있을지를 구체적으로 상상해 볼 수 있을 것이다.

노래하는 AI 보컬?

LLM의 개념과 작동 원리

대형 언어 모델(LLM, Large Language Model)은 인공지능 기술 중에서도 최근 가장 큰 주목을 받고 있는 분야로 인간처럼 글을 읽고 쓰는 능력을 갖춘 언어 특화 인공지능이다. 이 모델은 수많은 문서와 문장을 학습하여 자연어의 문법, 의미, 문맥을 파악하고, 새로운 문장을 스스로 만들어 낼 수 있는 능력을 갖추고 있다.

예를 들어, 사용자가 "오늘 날씨 어때?"라고 물으면, LLM은 학습한 정보에 기반해 자연스럽고 타당한 문장으로 답변을 생성할 수 있다. 이 과정은 단순히 문장을 꺼내 오는 것이 아니라 통계적으로 가장 적절한 단어를 예측하면서 문장을 조합하는 것이다.

이러한 모델은 '딥러닝'이라는 기술을 활용해 구축된다. 딥러닝은 사람의 뇌처럼 작동하는 인공 신경망을 통해 방대한 데이터를 반복적으로 학습하며 패턴을 인식한다. 특히 LLM은 '트랜스포머(Transformer)'라는 구조를 사용해 문장의 흐름을 더 잘 이해하고, 보다 긴 문맥도 처리할 수 있게 되었다. GPT, 버트(BERT), T5 등은 이러한 기술 기반에서 발전한 대표적인 모델이다.

자연어 처리와 LLM의 관계

LLM은 기본적으로 '자연어 처리(NLP, Natural Language Processing)'라는 기술을 기반으로 작동한다. 자연어 처리는 컴퓨터가 사람의 언어, 즉 우리가 일상에서 사용하는 문장이나 단어를 이해하고 다룰 수 있도록 돕는 기술이다. 이 기술의 핵심은 컴퓨터가 사람처럼 언어를 해석하고 의미를 파악하며 적절한 방식으로 응답하도록 만드는 것이다.

자연어 처리에서 가장 먼저 하는 일은 문장을 '토큰화(tokenization)'하는 것이다. 이는 긴 문장을 단어 단위, 혹은 의미 단위로 쪼개어 컴퓨터가 처리할 수 있는 작은 조각으로 만드는 작업이다. 그다음으로는 각 단어가 어떤 품사인지, 어떤 의미를 가지고 있는지 그리고 문장 전체에서 어떤 역할을 하는지를 분석하는 과정이 뒤따른다. 이런 과정을 통해 컴퓨터는 문장 안의 구조와 의미를 점차 이해하게 된다.

과거에는 사람이 일일이 규칙을 설정해 예컨대 "'가다'는 동사다", "'학교에'는 장소를 나타낸다"와 같은 언어 규칙을 컴퓨터에 입력해야 했다. 그러나 이 방식은 시간이 많이 들고, 예외가 많아 확장성이 떨어졌다. 특히 언어는 매우 복잡하고 다양한 표현이 존재하기 때문에 사람이 모든 규칙을 만드는 데는 한계가 있었다.

오늘날에는 머신 러닝(Machine Learning)과 딥러닝(Deep Learning) 기술이 발전하면서, 컴퓨터가 직접 방대한 양의 언어 데이터를 스스로 학습하고 규칙을 찾아내는 방식으로 바뀌었다. LLM은 바로 이러한 방식으로 만들어진 대표적인 인공지능 모델이다.

LLM은 수십억 개 이상의 문서, 뉴스, 책, 인터넷 텍스트 등을 바탕으로 학습한다. 이를 통해 단어들이 어떤 순서로 자주 등장하는지, 어떤 단어가 어떤 의미를 가질 수 있는지, 문맥에 따라 의미가 어떻게 달라지는지를 통계적으로 분석하고, 그 패턴을 기억하게 된다. 이러한 학습 과정을 통해 LLM은 새로운 문장을 만들어 내거나 질문에 적절히 대답하거나 주어진 글을 요약하거나 번역할 수 있는 능력을 갖추게 된다.

즉, 자연어 처리 기술은 LLM의 기반을 이루는 핵심 기술이며, LLM은 이 기술을 바탕으로 인간 언어를 스스로 학습하고 활용하는 고도화된 형태라고 할 수 있다.

대형 언어 모델의 활용 사례

LLM은 더 이상 연구실 안에만 머무는 기술이 아니다. 이미 우리가 살아가는 다양한 영역에서 적극적으로 사용되고 있다. 특히 교육과 비즈니스 현장, 고객 응대와 같은 실생활 분야에서 그 효과가 뚜렷하게 드러나고 있다.

교육 분야에서는 학생에게 맞춤형 학습 문제를 제공하거나 글쓰기 과제를 요약하고 피드백을 제공하는 데 LLM이 활용된다. 학생이 질문을 하면 즉시 답변을 받을 수 있으며, 이해가 부족한 부분은 다시 설명해 달라고 요청할 수도 있다. 이는 마치 1:1 튜터와 함께 공부하는 것처럼 학습을 보다 주도적으로 진행할 수 있도록 돕는다. 교사 역시 시험 문제를 자동으로 생성하거나 학습 자료를 정리하고 요약하는 업무에 LLM을 활용해 수업 준비 시간을 줄일 수 있다.

기업에서도 LLM은 다양한 방식으로 활용되고 있다. 예를 들어, 마케팅 문구 작성, 보고서 초안 작성, 고객 안내문 제작 등은 모두 빠르고 자연스럽게 처리할 수 있다. 특히 고객 서비스 분야에서는 LLM이 탑재된 챗봇이 24시간 응대하여 고객 만족도를 높이고, 직원의 업무 부담을 줄이고 있다. 계약서, 이메일, 제품 매뉴얼과 같은 복잡한 문서를 요약하거나 번역하는 데도 매우 유용하게 사용되고 있다. 이렇게 LLM은 단순히 문장을 만들어 내는 것을 넘어 실제 업무의 생산성과 효율성을 높이는 도구로 자리 잡고 있다.

LLM의 한계

LLM은 매우 인상적인 기능을 제공하지만 아직 완벽하지 않다. 특정한 한계와 위험 요소들을 함께 이해해야 이 기술을 올바르게 사용할 수 있다.

대표적인 문제 중 하나는 '환각' 현상이다. 이는 모델이 실제로 존재하지 않는 정보를 그럴 듯하게 만들어 내는 현상이다. 예를 들어, 존재하지 않는 사실이나 인물, 통계를 마치 실제처럼 설명할 수 있다. 이는 LLM이 세상의 진실을 '이해'하고 있는 것이 아니라 그저 언어 패턴을 통계적으로 예측하기 때문이다.

또한 LLM은 최신 정보를 반영하지 못하는 경우가 많다. 대부분의 모델은 일정 시점까지의 데이터만을 학습하므로 그 이후에 발생한 사건이나 변화에 대해서는 잘못된 답변을 줄 수 있다. 이를테면 최신 뉴스나 최근 발표된 연구 결과는 알지 못할 가능성이 높다.

사고력과 추론력 측면에서도 한계가 있다. 겉보기에는 논리적인 문장을 잘 생성하지만 실제로는 복잡한 문제 해결이나 깊이 있는 분석이 필요한 상황에서 오류를 보이기도 한다. 예를 들어, 여러 단계의 논리적 추론이 필요한 수학 문제나 법적 판단과 같은 고차원 사고는 아직까지 사람이 더 잘 처리할 수 있다.

또한 학습에 사용된 데이터의 편향성 역시 문제다. 인터넷이나 각종 문서에서 수집된 데이터에는 성별, 인종, 문화 등에 대한 왜곡된 시선이 포함되어 있을 수 있고, 이는 모델이 생성하는 결과물에도 그대로 반영될 수 있다. 이러한 편향은 사용자의 의도와 관계없이 부적절한 콘텐츠를 만들어 내는 원인이 된다. 따라서 LLM이 생성한 결과물은 항상 비판적인 시각으로 점검해야 한다.

윤리적 고려 사항

LLM은 강력하고 유용한 도구지만 그만큼 윤리적인 고민도 함께 따라야 한다. 기술을 어떻게 만들고, 어떻게 사용하는지가 사회적으로 중요한 문제로 떠오르고 있다.

무엇보다도 LLM의 작동 원리가 일반 사용자에게는 매우 불투명하다. 사용자가 어떤 질문을 했을 때 모델이 왜 그와 같은 답변을 내놓았는지 쉽게 파악할 수 없는 경우가 많다. 이른바 '블랙박스' 문제로, 결과는 보이지만 그 과정은 알 수 없다는 것이 문제다. 특히 중요한 분야에서는 이런 불투명성이 사용자 신뢰에 큰 영향을 미칠 수 있다.

또한 생성된 콘텐츠로 인해 문제가 발생했을 경우 누가 책임을 져야 하는가에 대한 논의도 필요하다. 모델을 개발한 기업, 이를 활용한 사용자, 서비스를 제공한 플랫폼 사이에 책임이 명확하지 않다면 피해를 입은 사람은 보호받기 어려울 수 있다. 따라서 기술이 도입되는 단계부터 책임 소재에 대한 사회적 합의가 병행되어야 한다.

악용 가능성도 간과할 수 없다. LLM은 설득력 있는 문장을 빠르게 생성할 수 있기 때문에 이를 악의적으로 사용할 경우 큰 피해를 유발할 수 있다. 가짜 뉴스 제작, 혐오 표현 확산, 스팸 메시지 생성, 피싱 사기 등에 이용될 수 있으며, 이는 개인뿐 아니라 사회 전체에 심각한 영향을 줄 수 있다. 기술의 책임 있는 사용을 위한 제도적 장치가 반드시 필요하다.

사회적 영향

LLM은 단지 새로운 기술이 아니라 사회 전체에 영향을 미치는 변화의 중심에 있다. 긍정적인 효과도 크지만, 그로 인해 파생되는 부작용도 함께 고려해야 한다. 가장 크게 우려되는 부분 중 하나는 일자리 변화다. 반복적인 언어 작업이나 문서 작성 업무는 LLM이 빠르게 대체할 수 있기 때문에 일부 직종에서는 사람의 역할이 줄어들 수 있다. 이러한 변화는 산업 전반의 구조를 바꾸고 있으며, 이에 대비한 경력 전환 교육과 직업 재훈련이 점점 더 중요해지고 있다.

또한 기술 접근성이 낮은 사람들은 정보 격차로 인해 소외될 수 있다. LLM을 자유롭게 활용하기 위해서는 디지털 환경에 대한 이해와 활용 능력이 필요하며, 이 능력이 부족한 사람들은 점점 더 기술에서 멀어지게 된다. 이런 격차는 사회적 불평등을 심화하는 요인이 될 수 있다. 기술의 혜택을 모두가 공평하게 누릴 수 있도록 하는 포용적인 정책이 필요한 이유다.

마지막으로, 정보의 신뢰성과 관련된 문제도 중요하다. LLM이 생성하는 콘텐츠가 모두 정확하고 신뢰할 만한 것은 아니다. 사용자는 제공된 정보를 그대로 받아들이기보다는 다른 출처와 비교하고 사실 여부를 점검하는 습관을 가져야 한다. 기술은 편리함을 제공하지만 최종적인 판단과 책임은 사람에게 있다는 점을 항상 기억할 필요가 있다.

참고문헌

이여름(2023). "대규모 언어 모델(LLM)을 위한 AI 윤리 연구 : ChatGPT를 중심으로". 고려대학교 컴퓨터정보통신대학원 학위논문, 1~56.

개인정보보호위원회(2025). "생성형 인공지능(AI) 개발·활용을 위한 개인정보 처리 안내서".

Brown, T. et al.(2020). Language models are few-shot learners. *Advances in Neural Information Processing Systems, 33,* pp.1877~1901.

Devlin, J. et al.(2019). BERT: Pre-training of deep bidirectional transformers for language understanding. *Proceedings of NAACL-HLT,* pp.4171~4186.

Jobin, A. et al.(2019). The global landscape of AI ethics guidelines. *Nature Machine Intelligence, 1,* pp.389~399.

Jurafsky, D. & Martin, J. H.(2023). *Speech and language processing(3rd ed., draft).*

OpenAI(2023). GPT-4 technical report. https://cdn.openai.com/papers/gpt-4.pdf

UNESCO(2022). Recommendation on the ethics of artificial intelligence.

Vaswani, A. et al.(2017). Attention is all you need. *Advances in Neural Information Processing Systems, 30,* pp.5998~6008.

03
경력 전환 교육이란 무엇인가

경력 전환이 일상화되는 사회에서는 개인이 변화에 능동적으로 대응하고 새로운 가능성을 모색할 수 있도록 돕는 교육이 필수다. 경력 전환 교육은 단순히 직업을 바꾸기 위한 기술 습득을 넘어서 자신의 삶의 방향을 재정립하고, 정체성과 의미를 다시 구성하는 깊이 있는 학습 과정이다. 경력 전환이 단지 생존을 위한 전략이 아니라 새로운 삶을 창조하기 위한 자기 성찰의 기회가 될 수 있음을 조명하며, 디지털 기술과 AI 기반 학습 환경 속에서 이 교육이 어떻게 진화하고 있는지를 고찰하고자 한다.

인공지능과 편향?

경력 전환 교육의 의미와 필요성

경력 전환 교육은 단순히 새로운 기술을 배우는 훈련에 그치지 않는다. 이는 개인이 변화하는 노동 환경 속에서 자신의 삶과 경력의 방향을 다시 설계하고, 새로운 직업이나 역할에 적응할 수 있도록 돕는 통합적인 교육 과정을 의미한다.

오늘날 우리는 디지털 기술의 급속한 발전, 고령화 사회의 도래, 고용의 불안정성 등 다양한 사회적 변화 속에 살고 있다. 이러한 변화는 직업의 형태뿐만 아니라 직업을 유지하는 방식에도 근본적인 영향을 미친다. 더 이상 하나의 직업만으로 평생을 살아가는 것이 일반적이지 않으며, 다양한 경로를 따라 경력을 전환하거나 확장하는 일이 점점 보편화되고 있다.

이런 현실 속에서 경력 전환 교육은 일종의 생애 설계 교육이라 할 수 있다. 이 교육은 기술 역량뿐 아니라 자기 이해, 정체성 재정립, 목표 수립, 심리적 회복력 향상 등 삶 전반에 걸친 역량 개발을 함께 다룬다. 특히 인공지능과 디지털 기술이 발전함에 따라 각 개인에게 맞춤형 학습을 제공하는 환경이 마련되면서 경력 전환 교육은 점차 개인화되고 정교화되는 방향으로 발전하고 있다.

경제협력개발기구(OECD)와 같은 국제기구도 경력

전환 교육의 필요성을 강조하며, 이를 위한 디지털 기반 평생 학습 체계의 구축이 향후 고용 안정성과 사회 통합에 핵심적인 역할을 할 것이라고 보고 있다.

경력 전환 교육의 이론적 기초

경력 전환 교육은 성인의 특성과 경력 발달 과정을 깊이 이해한 이론들에 바탕을 두고 설계된다. 대표적인 이론은 맬컴 놀스(Malcolm Knowles)의 성인 학습 이론(Andragogy, 앤드라고지)이다. 이 이론에 따르면 성인 학습자는 스스로 학습을 계획하고 실행할 수 있는 자율성과 자기 주도성을 지닌 존재이며, 실생활과 밀접하게 관련된 학습에 더 큰 동기를 느낀다. 또한, 자신의 삶에서 얻은 경험을 학습의 중요한 자원으로 활용하려는 경향이 있다.

한편, 마크 새비카스(Mark Savickas)의 경력 구성 이론은 경력을 단순한 직업 경로가 아니라 '삶의 이야기'로 이해한다. 이 이론에서는 개인이 경력 전환기에 자신의 삶의 서사를 재구성할 수 있도록 돕는 것이 중요하다고 본다. 특히 미래를 향한 관심(Concern), 변화에 대한 통제감(Control), 새로운 가능성에 대한 호기심(Curiosity), 성공에 대한 자신감(Confidence)이라는 네 요소는 전환기 적응력의 핵심이라 할 수 있다.

또한, 낸시 슐로스버그(Nancy Schlossberg)의 전환 이론은 개인이 전환 상황을 어떻게 인식하고, 어떤 자원을 활용하며, 어떤 전략으로 적응해 나가는지를 네 가지 요소－상황, 자기, 지지, 전략－를 통해 설명한다. 이 모델은 경력 전환 교육 설계 시, 학습자의 심리적 특성과 환경적 조건을 종합적으로 고려해야 함을 시사한다.

도널드 수퍼(Donald Super)의 생애 무지개 이론도 중요한 틀을 제공한다. 이 이론은 인간의 삶을 시간 축(생애 주기)과 역할 축(가정, 직업, 사회 등)으로 나누어 해석하며, 각 시기마다 수행해야 할 경력 과업이 존재한다고 본다. 이처럼 경력 전환 교육은 다양한 이론적 토대를 바탕으로, 성인의 삶 전체를 통합적으로 이해하고 지원하는 방향으로 설계되어야 한다.

경력 전환 교육의 특성

경력 전환 교육은 전통적인 학교 교육이나 청년 대상 직업 훈련과는 구분되는 몇 가지 고유한 특성을 지닌다.

무엇보다 학습 대상은 대부분 경력 중반 이후의 성인이며, 이들은 이미 다양한 직업 경험과 인생의 자산을 갖고 있다. 따라서 교육은 이들의 삶의 맥락과 이전의 경험을 충분히 반영해야 하며, 강의식 일방 전달보다는 경험을 나누고 해석하는 학습 구조로 설계될 필요가 있다.

또한, 이 교육은 단순히 '기술을 익히는 것' 이상을 목표로 한다. 경력 전환기에는 종종 심리적인 불안감이나 정체성 혼란을 경험하게 되는데, 교육은 이러한 심리적 회복과 자기 재정립을 함께 다루어야 한다. 즉, '어떤 기술을 배울까'만이 아니라, '나는 누구이며 앞으로 어떻게 살아갈 것인가'에 대한 탐색도 함께 이루어져야 한다.

교육은 일회성으로 끝나서는 안 되며, 사전 진단부터 교육 실행, 사후 피드백과 성과 관리까지 연속적이고 체계적인 구조를 갖추어야 한다. 특히 AI와 디지털 기술의 발전은 학습자의 수준과 목표에 맞춰 개별화된 교육을 제공할 수 있도록 도와준다. 이로써 접근성과 지속 가능성을 높일 수 있다.

결국 경력 전환 교육은 기술 교육이자 생애 설계 교육, 인간 중심 교육이라 할 수 있다.

국내외 경력 전환 교육 사례

우리나라에서는 고용노동부, 서울시50플러스재단, 한국폴리텍대학 등 여러 기관에서 중장년층의 경력 전환을 지원하는 프로그램을 운영하고 있다.

고용노동부의 재취업 지원 서비스는 생애 경력 설계, 전직 훈련, 심리 상담 등 다양한 요소를 통합하여 제공하고 있으며, 일부 기업은 AI 기반 진단 도구를 활용하여 직원에게 맞춤형 훈련을 제공하기도 한다. 서울시50플러스재단은 개인의 경력 상태를 유형화하여, 그에 맞는 교육과 커뮤니티 연계를 통해 심리적 · 사회적 회복을 돕고 있다. 한국폴리텍대학의 신중년 특화 과정은 산업 수요 기반 기술 교육과 현장 실습, 취업 연계를 통합한 사례로 실제 취업 성과에서도 긍정적인 평가를 받고 있다.

해외에서도 유사한 경력 전환 지원 체계가 활발히 운영되고 있다. 독일의 재교육(Umschulung) 제도는 실직자에게 직업 교육과 실습을 병행하게 하고, 정부가 교육비와 생활비를 지원한다. 유럽 연합은 CEDEFOP(European Centre for the Development of Vocational Training, 유럽 직업 훈련 개발 센터)를 중심으로 자기 주도적 경력 설계를 위한 모듈형 교육과 인증 시스템을 마련하고 있으며, 디지털 플랫폼을 통해 국가 간 이동성도 지원한다. 미국의 AARP(American Association of Retired Persons, 미국 은퇴자 협회)는 중장년층을 위한 교육 프로그램인 'Back to Work 50+'를 통해 디지털 교육, 이력서 코칭, 커리어 상담 등을 통합적으로 제공하고 있다.

이러한 국내외 사례는 경력 전환 교육이 개인의 재취업뿐 아니라 사회적 포용과 경제 회복의 중요한 전략임을 보여 준다.

경력 전환 교육의 주요 이슈와 향후 과제

경력 전환 교육은 이제 단순한 직업 교육을 넘어서 삶의 전환점을 지원하는 교육으로 재정의되고 있다. 하지만 이 과정에는 몇 가지 중요한 과제와 이슈가 동반된다.

먼저, 경력 전환의 시기와 생애 주기별 특성을 반영한 맞춤형 교육 설계가 필요하다. 이는 단일 프로그램이나 정형화된 커리큘럼으로는 충분하지 않으며, 학습자의 상황에 따라 유연하고 개인화된 경로를 제공해야 한다.

또한, 경력 전환의 효과성을 높이기 위해서는 교육 기관, 민간 기업, 정부 간 협력이 필수다. 각 기관이 독립적으로 움직이는 것이 아니라 교육과 고용을 연결하는 생태계를 조성해 지속 가능한 지원 체계를 마련할 수 있어야 한다.

AI와 디지털 기술은 이러한 전환을 가능하게 하는 핵심 도구가 되고 있다. 생성형 AI를 활용하면 학습자의 관심과 목표에 따라 적절한 콘텐츠를 추천하고, 실시간 피드백과 상담을 제공할 수 있다. 하지만 이와 동시에 디지털 형평성, 즉 누구나 이러한 기술을 동등하게 활용할 수 있도록 하는 접근성 문제 역시 해결해야 할 과제다.

결국 경력 전환 교육은 개인이 자기 정체성을 재정립하고, 미래의 삶을 능동적으로 설계해 나갈 수 있도록 돕는 중요한 교육 전략이다. 디지털 시대에는 기술을 매개로 하되 사람 중심의 설계 원칙을 놓치지 않는 교육 모델이 필요하다. 이러한 논의는 다음 장에서 다루게 될 생성형 AI 기반 평생 학습 전략과도 깊이 연결된다.

참고문헌

고용노동부·노사발전재단(2023). “2023년 재취업지원서비스 기업 우수 운영 사례집”.

서울시50플러스재단(2023). “서울시 중장년 일자리 정책 포럼 연구”. https://50plus.or.kr/detail.do?id=38044532

Ahn, H. Y.(2024). AI-powered e-learning for lifelong learners: Impact on performance and knowledge application. *Sustainability, 16*(20), 9066.

Asad, M. M. & Ajaz, A.(2024). Impact of ChatGPT and generative AI on lifelong learning and upskilling learners in higher education: Unveiling the challenges and opportunities globally. *International Journal of Information and Learning Technology, 41*(5), pp.507~523.

OECD(2023). Digital education outlook 2023: Towards an effective digital education ecosystem.

Palenski, T. et al.(2024). How AI works: Reconfiguring lifelong learning. *Postdigital Science and Education, 6*, pp.1216~1239.

UNESCO(2023). Technology in education: A tool on whose terms?. https://www.right-to-education.org/sites/right-to-education.org/files/resource-attachments/GEM%20Report_2023_Technology%20in%20education_July2023_EN.pdf

World Bank(2023). Digital pathways for education. https://documents1.worldbank.org/curated/en/099121924170540585/pdf/P173530-29989c5d-3961-4501-88bb-5e99142ae813.pdf

World Economic Forum(2025). The future of jobs report 2025. https://www.weforum.org/publications/the-future-of-jobs-report-2025.

04
LLM을 활용하면 학습이 쉬워질까

LLM의 발전은 학습 방식과 교육 환경에 깊은 변화를 가져오고 있다. LLM은 단순한 정보 제공의 수준을 넘어 학습자의 질문에 응답하고 이해 수준에 맞춘 설명과 피드백을 제공하는 등 '디지털 학습 조력자'로서의 역할을 수행하고 있다. 이로써 학습은 교사 중심에서 학습자 중심의 맞춤형 학습으로 전환되고 있으며, 반복 설명, 예시 제공, 시뮬레이션 기반 학습 등 다양한 방식으로 학습자의 이해를 지원할 수 있게 되었다. LLM의 교육적 활용 가능성과 구체적인 사례를 통해 인공지능이 학습을 어떻게 도울 수 있는지 탐색하고자 한다.

청각장애인과 AI?

개인화된 학습 경험

교육 현장에서 가장 오랫동안 고민되어 온 주제 중 하나는 '모든 학습자에게 똑같은 방식의 교육이 효과적인가?' 라는 물음이다. 대형 언어 모델(LLM, Large Language Model)의 등장은 이 질문에 대한 새로운 해답을 제시해 준다. LLM은 각 학습자의 수준, 관심사, 학습 스타일에 따라 맞춤형 학습 콘텐츠를 제공할 수 있기 때문이다.

개인화된 학습이란 학습자의 현재 실력과 목표에 따라 학습의 내용, 난도, 형식 등을 조정하여 제공하는 교육 방식이다. 예를 들어, 어떤 학습자는 이론 설명을 중심으로 학습하길 선호하는 반면, 다른 학습자는 실습 위주의 예시와 연습 문제를 통해 더 효과적으로 배울 수 있다. LLM은 이러한 개인차를 반영하여 텍스트, 이미지, 영상, 대화형 시뮬레이션 등 다양한 형태로 학습 자료를 구성하고 제공할 수 있다.

이러한 방식은 학습자의 몰입도와 학습 만족도를 높여 줄 뿐 아니라 불필요한 반복 학습을 줄여 학습 효율성도 함께 높인다. 나아가 학습자가 스스로 학습의 방향을 선택하고 조정해 가는 자기주도적 학습 태도를 기르는 데도 긍정적인 영향을 미친다.

이처럼 LLM은 모든 학습자가 자신만의 방식과 속도

로 배워 갈 수 있도록 지원하는 '나에게 딱 맞는 교사'와도 같은 역할을 수행할 수 있다.

맞춤형 피드백 시스템

학습에서 피드백은 매우 중요한 요소다. 학습자가 무엇을 잘했는지, 무엇을 잘못했는지를 알고, 그에 대한 보완을 어떻게 해야 하는지를 안내받는 과정이 바로 피드백이다. 특히 피드백이 실시간으로 제공되면 학습자는 자신의 오류를 즉시 인식하고 수정할 수 있어 학습 효과가 크게 향상된다.

LLM은 학습자의 입력이나 답변을 분석해 바로 피드백을 제공할 수 있다. 예를 들어 영어 작문에서 문법 오류가 있다면 단순히 '틀렸다'고 말하는 데 그치지 않고, 어떤 부분이 왜 틀렸는지, 어떻게 고쳐야 하는지, 같은 실수를 반복하지 않기 위해 어떤 연습이 필요한지를 함께 설명할 수 있다. 이러한 방식은 학습자의 이해를 돕고, 실질적인 향상으로 이어지게 만든다.

또한, LLM은 단순한 채점 기능을 넘어 개별 학습자의 성향과 사고방식에 맞춘 설명을 제공할 수도 있다. 분석적 사고를 선호하는 학습자에게는 논리적이고 구조적인 피드백을, 직관적 사고를 선호하는 학습자에게는 사례 중심의 설명을 제시할 수 있다.

이처럼 LLM은 '지적하는 피드백'이 아닌 '도와주는 피드백'을 제공함으로써, 학습자에게 자신감과 동기를 불어넣고, 학습 과정 전반의 질을 높이는 데 크게 기여할 수 있다.

다양한 교육 접근 방식

LLM은 학습 내용만 바꾸는 것이 아니라 교육 방식 자체에도 변화를 일으키고 있다. 온라인 코스 설계, 개인 튜터링, 그룹 학습 등 다양한 교육 방식에 LLM을 접목해 학습 환경을 더욱 풍부하게 만들 수 있다.

먼저, LLM을 활용하면 온라인 교육 과정을 보다 유연하고 정교하게 설계할 수 있다. 전체 학습 내용을 작은 단위의 모듈로 나누고, 학습자가 자신의 필요에 따라 원하는 주제만 선택해 학습할 수 있도록 구성할 수 있다. 학습자의 수준에 따라 콘텐츠의 난도와 형식도 실시간으로 조정될 수 있어 더 효과적인 학습이 가능하다.

또한, LLM은 개인 튜터처럼 작동할 수 있다. 학습자가 특정 개념에 대해 질문하면 바로 설명해 주고, 이해가 부족하면 더 쉽게, 반복적으로 설명해 주는 식이다. 이러한 1:1 상호작용은 학습자의 약점을 집중적으로 보완할 수 있도록 도와준다.

한편, LLM은 그룹 학습에서도 활용 가능하다. 예를 들어, 토론 중 다양한 관점을 제시하거나 학습자 간의 대화 주제를 이끌어 주는 역할을 하며, 학습자들이 서로 배우고 생각을 확장할 기회를 제공한다. 개인 튜터링이 학습자의 깊이 있는 이해를 도운다면 그룹 학습은 협업 능력과 비판적 사고력 향상에 기여한다.

이처럼 LLM은 학습자 개인의 상황에 따라 다양한 방식으로 활용될 수 있으며, 교사나 학습 설계자의 역할을 보다 효과적으로 보완할 수 있는 잠재력을 지니고 있다.

시뮬레이션 학습의 활용

이론을 암기하는 것과 실제로 그 지식을 적용해 보는 것은 분명한 차이가 있다. 시뮬레이션 학습은 이러한 차이를 좁히기 위한 효과적인 방법으로 실제와 유사한 상황을 가상으로 만들어 학습자가 직접 문제를 해결하거나 역할을 수행해 보도록 하는 학습 방식이다.

LLM은 이러한 시뮬레이션 학습을 쉽게 구현할 수 있는 도구로 활용될 수 있다. 예를 들어, 가상의 고객 응대 상황을 만들어 학습자에게 대화를 연습하게 하거나 코딩 실습에서 오류가 포함된 코드를 제시하고 이를 수정하게 하는 방식이 가능하다. 협상이나 프레젠테이션 상황을 연출하고, 그 안에서 학습자가 다양한 표현과 전략을 실험해 볼 수도 있다.

이러한 학습 방식은 실제 업무나 생활에서 마주할 수 있는 문제 상황에 대비할 수 있도록 도와준다. 또한 실수에 대한 부담 없이 반복 연습이 가능하기 때문에 학습자는 자신감을 얻고 점차 숙련도를 높일 수 있다.

시뮬레이션 학습은 특히 실무 역량이나 문제 해결 능력을 기르는 데 효과적이며, 이전 교육에서는 경험하기 어려운 복잡한 상황을 가상으로 체험할 수 있다는 점에서 매우 유용한 학습 도구로 주목받고 있다.

평가 및 피드백 시스템 설계

학습의 완성은 평가로 이어진다. 어떤 것을 얼마나 잘 이해하고, 어떻게 적용했는지를 확인하는 과정이 바로 평가이며, 그 결과를 통해 학습자는 자신의 성장 정도를 가늠하고 다음 단계로 나아갈 수 있다.

LLM은 평가 분야에서도 매우 유용하게 활용될 수 있다. 예를 들어, 학습자가 작성한 글이나 퀴즈 답안을 입력하면 LLM은 미리 정해진 기준에 따라 이를 평가하고, 점수뿐만 아니라 구체적인 피드백도 함께 제공할 수 있다. 특히 서술형 답변과 같은 주관적인 문항에 대해서도 논리 구조나 표현의 적절성을 판단하여 정밀한 분석을 제시할 수 있다.

또한, LLM은 학습자의 성취도를 종합적으로 분석하고, 이를 바탕으로 개인화된 학습 리포트를 생성할 수 있다. 이 리포트는 학습자가 어떤 영역에서 강점을 보였고, 어떤 부분에서 더 연습이 필요한지를 알려주어, 다음 학습 방향을 설정하는 데 큰 도움이 된다.

효과적인 평가를 위해서는 다양한 형태의 평가가 함께 이루어져야 한다. 학습 전에는 진단 평가를 통해 수준을 파악하고, 학습 중에는 형성 평가를 통해 진행 상황을 점검하며, 학습이 끝난 뒤에는 총괄 평가로 최종 성과를 확인하는 것이 바람직하다. 여기에 자기 평가와 동료 평가까지 병행된다면 학습자는 보다 입체적으로 자신의 학습을 점검하고 반성할 수 있다.

LLM은 이 모든 과정을 자동화하면서도 학습자의 특성을 반영한 맞춤형 평가를 제공할 수 있어 미래의 교육 현장에서 평가의 패러다임을 바꾸는 핵심 기술이 될 수 있다.

참고문헌

Baker, R. S. & Inventado, P. S.(2014). Educational data mining and learning analytics. *Learning Analytics*, pp.61~75. Springer.

Brown, T. et al.(2020). Language models are few-shot learners. *Advances in Neural Information Processing Systems, 33*, pp.1877~1901.

Luckin, R. & Holmes, W.(2016). *Intelligence unleashed: An argument for AI in education*. Pearson Education.

OECD(2023). AI and the future of skills, volume 2: Methods for evaluating AI capabilities.

OpenAI(2023). GPT-4 technical report. https://cdn.openai.com/papers/gpt-4.pdf

Verbert, K. et al.(2013). Learning dashboards: An overview and future research opportunities. *Personal and Ubiquitous Computing, 18*(6), pp.1499~1514.

05
LLM을 교육에 활용하려면 어떻게 해야 할까

LLM이 학습자의 실질적 성장에 기여하기 위해서는 체계적 도입 전략과 실행 계획이 수반되어야 한다. 적합한 기술 인프라를 구축하고, 학습자의 피드백을 지속적으로 수렴하며, 개인정보 보호 및 윤리적 쟁점에 대한 준비 또한 병행되어야 한다. 학습 목표 설정, 기술 연동, 시스템 운영, 학습 효과의 평가, 윤리적 고려 사항까지 실제 교육 현장에서 LLM이 효과적인 '학습 파트너'로 작동하기 위한 실행 요소들을 구체적으로 살펴본다.

AI 콘텐츠 크리에이터?

LLM을 교육에 적용하기 위한 준비

인공지능 기술 중 하나인 대형 언어 모델, 줄여서 LLM이라고 불리는 도구를 교육 현장에 효과적으로 활용하려면 단순히 '도입했다'는 것으로 끝나는 것이 아니라 처음부터 끝까지 계획적으로 준비해야 한다. 마치 새로 이사할 집을 고르고 인테리어를 하고 짐을 들이고 살면서 점검하는 것처럼 말이다.

우선 가장 중요한 것은 '무엇을 위해 LLM을 사용할 것인지'를 분명히 하는 것이다. 학생들의 이해를 돕기 위한 것인지, 자기 주도 학습을 지원하기 위한 것인지 아니면 교사의 업무 부담을 덜기 위한 것인지에 따라 활용 방식이 달라질 수 있다. 목적이 분명해야 LLM의 역할도 뚜렷해지고, 그에 따른 성과도 명확히 드러날 수 있다.

그다음으로는 지금의 교육 환경을 점검해야 한다. 예를 들어 교사나 학생들이 디지털 기기를 얼마나 잘 사용하는지, 이미 어떤 온라인 시스템이 활용되고 있는지 등을 살펴보아야 한다. 이 과정을 통해 LLM을 어디에 어떻게 녹여 넣을 수 있을지를 구체적으로 설계할 수 있다.

처음부터 전면 도입하는 것보다는 소규모로 시험해 보는 것이 안전하다. 예컨대 한 반에서 몇 주 동안 LLM을 활용해 보고 어떤 점이 좋은지, 어떤 점이 불편한지를 살펴보는 것이다. 이를 바탕으로 개선할 점을 보완한 후, 점차 확대 적용하면 시행착오를 줄일 수 있다.

그리고 본격적으로 수업에 활용하기 시작한 이후에도 계속해서 점검하고 조정하는 과정이 필요하다. 기술은 시간이 지나면서 더 발전하고, 사람들의 반응도 달라지기 때문이다. 이렇게 하나씩 차근차근 단계를 밟아 나가면 LLM을 교육에 잘 정착시킬 수 있다.

기술적의 준비는 어떻게

LLM이라는 도구는 인터넷을 기반으로 작동하기 때문에 무엇보다 안정적인 인터넷 환경이 필요하다. 연결이 자주 끊기거나 속도가 느리면 LLM이 제 역할을 하기 어렵다. 또한, 학생들이 사용하는 컴퓨터나 태블릿 같은 기기도 일정 수준 이상의 성능을 갖추고 있어야 한다.

이와 함께 이전에 교육 기관에서 활용하고 있는 온라인 학습 시스템과 LLM이 잘 연결될 수 있도록 기술적으로 준비해야 한다. 예를 들어 학습자들의 학습 진도나 과제 수행 상황을 관리하는 시스템과 LLM이 함께 작동하도록 만들어 놓으면 더 유기적인 학습 환경을 구축할 수 있다.

이러한 준비를 위해서는 전문가의 기술 지원이 필요

할 수 있다. 예를 들어 외부 전문가나 학교의 정보 기술 담당 선생님이 시스템을 점검하고, 문제가 발생했을 때 신속히 대응할 수 있어야 한다.

또 하나 중요한 것은 학생들의 정보가 외부로 유출되지 않도록 보안 체계를 강화하는 것이다. LLM을 활용하는 과정에서 학생 이름이나 학습 내용 같은 민감한 정보가 다루어질 수 있기 때문에 안전하게 보호될 수 있는 기술적 장치와 관리 기준이 반드시 마련되어야 한다.

필요한 자원 및 예산 계획

LLM을 교육에 도입하는 데는 적지 않은 비용과 인력이 필요하다. 예를 들어 LLM이 안정적으로 작동하려면 데이터를 빠르게 처리할 수 있는 서버나 클라우드 환경을 구축해야 한다. 이 부분에서 매달 일정한 사용료가 발생할 수 있다.

또한 LLM을 운영하기 위해 외부 서비스를 이용한다면 그에 따른 요금도 발생한다. 게다가 시스템을 설치하고 관리할 수 있는 전문가, 즉 기술 인력도 필요하다. 기술이 고장 나거나 업그레이드가 필요할 때 이를 해결해 줄 사람이 없다면 수업은 오히려 더 불편해질 수 있다.

이러한 비용은 교육 기관 자체 예산만으로 감당하기

어려울 수도 있다. 이럴 때는 정부에서 제공하는 지원 사업이나 대학과 기업이 함께 참여하는 산학 협력 프로그램 또는 교육 분야를 지원하는 공공 기금 등을 통해 예산을 마련하는 방법도 고려해야 한다.

중요한 것은 단기적인 비용만이 아니라 장기적으로도 시스템을 유지하고 발전시키기 위한 계획이 함께 세워져야 한다는 점이다.

학습자 피드백의 중요성

LLM을 수업에 활용했다고 해도 그것이 정말 도움이 되는지 아닌지를 판단하는 가장 좋은 방법은 바로 학생들의 의견을 듣는 것이다. 학생들은 실제로 그 도구를 사용하는 사람이며, 가장 솔직한 반응을 보여 줄 수 있기 때문이다.

수업이 끝난 후 간단한 설문 조사를 통해 학습자들이 어떤 점에서 좋았는지, 어떤 부분이 어려웠는지 묻는 것이 좋다. 또 학생과 LLM 간의 대화 기록을 살펴보면 자주 나오는 질문이나 반복되는 어려움을 파악할 수 있다.

때로는 몇 명의 학습자들을 대상으로 직접 이야기를 나누는 방식, 즉 인터뷰나 소규모 토론을 통해 더 깊이 있는 의견을 들을 수도 있다. 이런 과정을 통해 LLM이 어떤 점에서 보완되어야 하는지, 어떻게 하면 더 효과적으로 활용할 수 있는지를 알 수 있다.

예를 들어, 어떤 학습자가 LLM의 설명이 너무 어렵다고 느꼈다면 그 학습자의 수준에 맞게 더 쉬운 표현이나 예시를 제시해 주는 기능을 추가할 수 있다. 이렇게 학습자의 의견을 반영하면서 도구를 점점 개선해 나가면 시간이 지날수록 학습에 더 도움이 되는 방향으로 진화할 수 있다.

윤리적 문제의 예방과 해결책

LLM은 매우 유용한 도구이지만 그만큼 신중하게 사용해야 하는 기술이기도 하다. 특히 교육 분야에서는 몇 가지 중요한 윤리적 문제에 주의할 필요가 있다.

첫째, 학생들의 개인정보 보호다. 학생들의 이름, 학습 내용, 질문 기록 등은 민감한 정보이기 때문에 외부로 유출되지 않도록 철저히 보호해야 한다. 이를 위해서는 불필요한 정보를 수집하지 않고, 수집된 정보는 익명으로 저장하며, 정보에 접근할 수 있는 사람을 제한하는 등의 조치가 필요하다.

둘째, LLM이 제공하는 정보의 정확성과 공정성 문제다. LLM은 이전에 사람들에게 학습된 데이터를 바탕으로 작동하기 때문에 때로는 편향된 정보나 잘못된 내용을 제공할 가능성도 있다. 따라서 교사나 학생은 LLM의 답변을 무조건 신뢰하기보다는 비판적으로 사고하고 판단하는 태도를 갖는 것이 중요하다.

셋째, 외부 콘텐츠를 사용할 때 발생할 수 있는 저작권 문제다. LLM이 생성한 콘텐츠가 다른 사람의 글이나 그림을 바탕으로 했을 경우, 그 자료의 출처를 정확히 밝히고 필요한 경우 사용 허가를 받는 절차가 필요하다.

마지막으로는 교수자와 학습자 모두가 LLM의 장단점과 사용법을 충분히 이해하고 있어야 한다. 그래야 불필요한 오해나 잘못된 사용을 줄이고, 기술이 교육의 본래 목적에 부합하도록 활용될 수 있다.

참고문헌

한옥영(20232). "생성형 AI 기반 학습자 맞춤형 교육 시스템 설계를 위한 구성 요소 탐구". 《한국교육학회논문지》, 26(6), 127~141쪽.

Baker, R. S. & Inventado, P. S.(2014). Educational data mining and learning analytics. *Learning Analytics*, pp.61~75. Springer.

Jobin, A. et al.(2019). The global landscape of AI ethics guidelines. *Nature Machine Intelligence, 1*, pp.389~399.

OECD(2019). Artificial intelligence in education: Challenges and

opportunities for sustainable development.
OpenAI(2023). GPT-4 technical report.
https://cdn.openai.com/papers/gpt-4.pdf
UNESCO(2022). Recommendation on the ethics of artificial intelligence.

06
LLM은 경력 전환에 어떤 도움을 줄까

우리가 누구나 한 번쯤 겪는 경력에 대한 고민, 앞으로 어떤 일을 할지, 지금 하는 일을 계속해도 괜찮을지, 다른 분야로 가기 위해 무엇을 준비해야 할지에 대한 이야기로 시작한다. 이러한 고민은 단순한 직업 변경이 아니라 삶의 방향을 새롭게 설정하는 과정이다. 이때 인공지능 기술, 특히 LLM이 학습 조언자 역할을 하며 경력 전환에 실질적인 도움을 줄 수 있음을 설명한다.

AI와 민주주의?

개인화된 피드백 제공

대형 언어 모델(LLM, Large Language Model)은 사용자가 제공하는 이력서, 자격증, 학습 이력, 퀴즈 결과 등을 기반으로 학습자 개개인의 상태를 파악하고, 그에 맞는 맞춤형 피드백을 제공할 수 있다. 예컨대, 40대 중반의 K씨가 디지털 마케팅 강의 수강 후 '타깃 설정' 관련 퀴즈에서 반복적인 오답을 냈을 때, 챗GPT 또는 구글 제미나이와 같은 생성형 AI는 해당 개념을 보다 쉽게 설명하고, 사례 중심의 보충 자료와 함께 유사 문제가 포함된 미니 테스트를 자동 생성하여 제공했다.

이러한 피드백 과정은 단순히 정답과 오답을 구분하는 것에 그치지 않는다. 생성형 AI는 학습자의 답변 패턴을 분석하고, 오답 원인을 진단한 뒤 적절한 예시나 쉬운 설명을 제공한다. 특히 칸미고(Khanmigo, AI 튜터)와 같은 AI 기반 개인 학습 파트너는 학습자의 수준에 맞춰 난도를 조절하며, 반복 학습이 필요한 개념은 시각적 보조 자료와 함께 제시해 학습자의 자기 주도성을 높일 수 있다.

기술 격차 분석 및 맞춤형 학습 경로

새로운 분야로의 전환을 준비하는 사람들은 자신의 현

재 능력과 목표 직무가 요구하는 기술 사이의 차이를 명확히 인식하기 어렵다. LLM은 사용자의 자기 소개서, 학습 이력, 과거 경력 등을 분석하여 부족한 기술을 진단하고, 이를 보완할 수 있는 학습 경로를 제시할 수 있다.

예를 들어, 미용사로 일하던 30대 L씨가 IT 기획자로 전환을 희망했을 때, AI 기반 커리큘럼 추천 플랫폼인 스크라이브(Scribe) 또는 도체보(Docebo)를 통해 파이썬(Python), SQL(Structured Query Language), 태블로(Tableau) 등의 학습 경로를 자동 생성하고, 진도에 따라 자동 피드백을 제공받을 수 있었다. 또한 노션(Notion) AI나 챗GPT는 L씨의 이력을 바탕으로 매일 학습할 과제와 일정표를 생성해 주며, 실습 중에 오류가 발생했을 때는 바로 설명을 제공해 주는 조력자 역할을 했다.

이처럼 생성형 AI는 단기 집중형 학습 경로부터 장기 경력 설계까지 유연하게 안내할 수 있으며, 학습자는 추천된 경로를 구글 캘린더(Google Calendar), 트렐로(Trello) 등과 연동해 일일 학습을 관리하는 기능도 함께 활용할 수 있다.

직업별 요구 사항 분석

경력 전환에서 중요한 것은 새롭게 진입하려는 직무에 어떤 기술과 역량이 필요한지를 명확히 파악하는 것이다. LLM은 최신 고용 데이터와 직무 정보에 접근해 각 직업군별 요구 역량을 정리해 제공할 수 있다. 이때 활용되는 AI 도구로는 링크드인 AI 커리어 익스플로러(LinkedIn AI Career Explorer), 에이트폴드.ai(Eightfold.ai) 또는 파이메트릭스(Pymetrics) 기반 추천 시스템 등이 있다.

예를 들어, UX(User Experience, 사용자 경험) 디자이너가 되고 싶어서 챗GPT에게 직무 설명을 요청한 50대 J씨는 디자인 툴인 피그마(Figma), 팀 협업 툴인 슬랙(Slack)과 소프트웨어 개발 이슈 관리 툴인 지라(Jira), 사용자 경험 이론 등의 학습이 필요함을 안내받았다. 이어서 피그마 AI 튜터(Figma AI Tutor)와 같은 도구로 실습을 병행했다. 또, J씨는 AI가 생성한 '디자인 실무 Q&A' 대화를 통해 실제 현업에서 어떤 기술이 쓰이는지를 간접 체험할 수 있었다.

이처럼 LLM은 단순히 기술 리스트를 나열하는 데 그치지 않고, 실습 가능한 콘텐츠를 함께 연결하거나 개인의 경험을 반영해 우선순위를 조정해 효율적인 학습 전략을 제공한다.

취업 기회 탐색 지원

이력서나 자기 소개서 작성, 면접 대비 등 취업 준비를 하는 과정에서도 생성형 AI는 강력한 도구가 된다. 특히 킥레주메(Kickresume) AI, 레지.ai(Rezi.ai), 그래멀리(Grammarly), 챗GPT 레주메 라이터(Resume Writer) 같은 도구들은 사용자의 경력 정보를 입력하면 자동으로 맞춤형 이력서와 자기 소개서를 작성하거나 개선해 준다.

20년간 제조업에 종사했던 경험을 어떻게 사무직 이력에 연결할지 막막해한 P씨에게 챗GPT는 P씨의 경력을 바탕으로 품질 보증 관련 직무에 적합하다는 점을 강조하는 자기 소개서 문장을 추천했다. 이게 그치지 않고 P씨는 링크드인 AI 어시스턴트(LinkedIn AI Assistant)를 통해 지역과 연봉 기준에 맞춘 맞춤형 채용 정보를 받아 보고, 인터뷰(Interview) AI를 활용해 모의 면접도 진행할 수 있었다. 면접 이후에는 말의 흐름, 눈에 띄는 실수, 주저한 부분까지 피드백을 제공받아 실질적인 면접 실력을 키울 수 있었다.

자신감과 직업 적응력 높이기

경력 전환에서 가장 어려운 점은 자신감과 적응력 유지

다. 생성형 AI는 심리적 지지와 동기 부여 측면에서도 도움을 줄 수 있다. 예컨대 우보트(Woebot), 레플리카(Replika), 챗GPT의 감정 코칭 프롬프트를 활용하면 정서적인 불안이나 실패에 대한 두려움을 완화하는 대화를 나눌 수 있다.

정년을 앞둔 C씨는 새로운 업무에 대한 불안감을 LLM에게 털어놓으며, 자신이 가진 강점이 무엇인지 다시 확인할 수 있었다. 챗GPT는 그가 과거 상담 경험이 풍부하고 공감 능력이 뛰어나다는 점을 강조하며, 이러한 특성이 고령층 대상 교육 조력자로서 매우 중요한 역량이라는 점을 알려 주었다. 이 대화 이후 C씨는 추천된 교육과정에 등록하고, AI 시뮬레이션 환경을 제공하는 트윈토크(TwinTalk), 챗GPT 롤플레이(Roleplay)에서 교육 시나리오 역할극을 수행하며 실전 적응 능력을 강화할 수 있었다.

미국의 한 온라인 교육 플랫폼에서는 데이터 분석가로 전환을 희망하는 성인 학습자들을 대상으로 LLM 기반 맞춤형 학습 경로를 제공했다. 초기 진단 평가를 통해 각 학습자의 통계학, 프로그래밍, 데이터 시각화 기술 수준을 분석한 후, LLM이 개인별로 필요한 학습 모듈을 추천했다. 학습 과정 중에는 매 과제 제출 시 자동 피드백이 제공되었고, 특정 과제에서 반복적으로 오류를 범한 경우 LLM이 추가 설명 자료를 제공하거나 난도 조절이 이루어졌다. 결과적으로 이 과정을 수료한 학습자들의 68%가 6개월 이내에 데이터 관련 직무로 전직에 성공하는 성과를 거두었다.

유럽의 한 직업 훈련 기관에서는 의료 분야 경력 전환을 준비하는 학습자들을 대상으로 LLM을 활용하여 '의료 데이터 해석' 및 '환자 커뮤니케이션' 교육 프로그램을 운영했다. 특히 시뮬레이션 학습을 도입하여 학습자가 가상의 환자 케이스를 LLM과 함께 분석하고 진단 전략을 수립하도록 지원해 실제 임상 업무 적응 능력을 크게 향상할 수 있었다.

참고문헌

Bender, E. M. et al.(2021). On the dangers of stochastic parrots: Can language models be too big?. *Proceedings of the 2021 ACM Conference on Fairness, Accountability, and Transparency(FAccT '21).*

OECD(2021). AI and the future of skills, volume 1: Capabilities and assessments.

OpenAI(2023). GPT-4 technical report. https://cdn.openai.com/papers/gpt-4.pdf

World Economic Forum(2023). Jobs of tomorrow: Large

language models and jobs.

07
AI 시대에 필요한 능력, LLM 리터러시란

컴퓨터나 스마트폰을 사용할 줄 아는 수준을 넘어 인공지능 기술을 이해하고 적극적으로 활용할 수 있는 능력, 즉 '디지털 리터러시'가 점점 더 중요해지고 있다. 최근 주목받는 대형 언어 모델은 인간의 언어를 이해하고 새로운 정보를 생성할 수 있는 인공지능 기술로, 경력 전환을 고민하는 사람들에게 매우 유용한 도구로 떠오르고 있다. 디지털 시대에 필요한 리터러시 역량이 무엇인지, 왜 중요한지, 그리고 이를 실제 교육에 어떻게 적용할 수 있을지 살펴보고자 한다.

AI와 애니메이션?

LLM 리터러시의 정의와 필요성

'LLM(Large Language Model, 대형 언어 모델) 리터러시'란 단순히 AI를 사용할 줄 아는 것뿐만 아니라 AI가 만들어 낸 정보를 어떻게 받아들여야 할지, 그 정보가 정확한지 아닌지를 판단하고, 필요에 따라 활용할 수 있는 능력을 말한다. 다시 말해 기술적인 사용 능력뿐 아니라 비판적으로 사고하고, 정보를 재구성하며, 나의 삶이나 일에 적용할 수 있는 능력까지 포함된다.

특히 LLM 리터러시는 단순한 도구 활용의 차원을 넘어서 인간과 직업에 대한 충분한 이해를 바탕으로, 인공지능이 제안하는 정보와 조언을 올바르게 해석하고 판단하는 능력을 포함한다. 예를 들어, LLM이 추천하는 직업이 있다고 해서 무조건 따르기보다는 그 직업이 나의 가치관, 삶의 방식, 장기적인 목표와 맞는지 스스로 판단할 수 있어야 한다. 경력 단절 여성이나 중장년 구직자의 경우, LLM이 추천하는 직무를 단순히 수용하기보다는 그 추천이 본인의 생활 패턴, 가정 상황, 이전의 경험과 어떻게 연결될 수 있는지를 고려하는 능력이 필요하다. 이것이 바로 인간 중심의 디지털 리터러시이며, 오늘날 AI 시대를 살아가는 모든 이들에게 요구되는 핵심 역량이다.

디지털 환경에서의 핵심 기술 습득

디지털 환경에서 성공적으로 살아가기 위해서는 컴퓨터 사용법뿐 아니라 데이터를 다루는 능력, 정보를 분석하고 정리하는 능력, 그리고 생성형 AI와 같은 최신 기술을 이해하는 능력이 필요하다. 이러한 기술들은 단지 IT 전문가에게만 필요한 것이 아니라 일상생활과 다양한 직업에서 점점 더 요구되고 있다.

예를 들어, 직업 교육 훈련 과정에 참여 중인 학습자가 "의료 정보 분석 업무로 전환하고 싶다"라고 LLM에 질문한다면, LLM은 파이썬을 기반으로 한 데이터 분석 툴, 의료 정보 보호법 관련 지식, 통계 개념 등을 단계적으로 안내할 수 있다. 또한 이전 직무가 비전산 분야였다면 초보자를 위한 디지털 기초 교육 자료를 함께 추천해 줌으로써 진입 장벽을 낮춰 줄 수 있다.

실시간 피드백과 맞춤형 학습 경험

LLM은 사용자의 질문이나 과제를 분석하여 바로바로 피드백을 줄 수 있다. 예를 들어, "이 자기 소개서 문장이 자연스러운가요?"라고 물으면, 어떤 부분을 수정하면 더 명확하거나 설득력 있게 들릴 수 있을지 알려 준다. 또 "이 코드가 왜 작동하지 않을까요?"라고 물으면 오류의 원인을 찾아내고 수정 방향까지 제시할 수 있다.

이러한 실시간 피드백 기능은 경력 전환자에게 매우 유용하다. 예를 들어 경력 단절 이후 재취업을 준비하는 사람은 최신 이력서 양식이나 구직 시장에서 선호하는 표현을 익히기 어려운 경우가 많은데, LLM은 개별 이력서 항목을 검토해 개선 포인트를 제시해 주고, 모의 면접 문답을 통해 표현력과 자신감을 높여 줄 수 있다.

또한 학습자의 수준에 맞춰 학습 경로를 조정하고, 필요한 자료를 그때그때 제안해 줌으로써 개인 맞춤형 학습이 가능해진다. 특히 영상 학습, 텍스트 학습, 퀴즈 학습 등 다양한 학습 스타일에 맞춰 자료를 제공할 수 있어 자기 주도적 학습에 효과적이다.

경력 전환을 위한 디지털 리터러시 강화

직업을 바꾸거나 새로운 분야에 도전하려는 사람들에게 디지털 리터러시는 핵심 역량이다. 단순히 새 기술을 배우는 것을 넘어 내가 어떤 직업에 적합한지 탐색하고, 필요한 능력이 무엇인지 파악하며, 그에 맞는 계획을 세울 수 있는 능력이 요구된다.

예를 들어, 육아로 인해 경력이 단절된 후 재취업을 고려하는 학습자가 "어떤 직무가 유연 근무에 적합한가요?"라고 LLM에 질문했을 때 LLM은 데이터 입력, 원격 고객 지원, 콘텐츠 리뷰와 같은 직무를 추천하고, 필요한 기술과 자격, 준비 방법 등을 체계적으로 안내해 줄 수 있다. 또한 이전에 활용했던 역량이나 경력 요소를 새롭게 연결해 주는 방향을 제시해 자존감 회복과 자기 효능감 증진에도 기여할 수 있다.

또 다른 예로, "나는 요리를 전공했는데 IT 분야로 전향하고 싶어요"라고 말하면, LLM은 사용자의 배경을 바탕으로 파이썬 언어부터 시작하라고 권하고, 실습 예제와 추천 사이트를 제공하며, 어떤 순서로 학습하면 좋을지 안내해 준다.

또한 이력서나 자기소개서를 작성할 때, LLM은 사용자의 경험을 분석하고, 해당 직무에 어울리는 표현과 문장을 추천해 준다. 면접을 준비할 때는 예상 질문과 답변 연습을 도와주며, 실제 상황을 가정한 역할극도 제공할 수 있다. 이러한 기능은 모든 연령층에게 매우 실용적이며, 특히 새로운 도전을 앞둔 중장년층에게도 큰 힘이 된다.

무엇보다 중요한 것은 LLM이 제시하는 경로가 반드시 정답은 아니라는 점을 이해하는 것이다. 사용자는 스스로의 삶을 잘 알고 있어야 하며, LLM의 조언을 참고 자료로 활용하되, 자신의 가치와 목표에 맞는 경로를 최종적으로 선택하는 주체가 되어야 한다. 이 역시 LLM 리터러시의 핵심 요소다.

현대 직업 환경의 변화 대응 전략

오늘날 직업 환경은 빠르게 바뀌고 있다. 디지털 기술이 대부분의 산업에 깊이 들어오면서, 평생 한 가지 일만 하던 시대는 지났다. 이에 따라 학습자들은 변화에 유연하게 적응하고, 새로운 기술을 끊임없이 배우는 태도를 갖춰야 한다.

LLM을 활용한 교육은 이러한 변화에 대응할 수 있도록 도와준다. 예를 들어, 학교나 직업 훈련 기관에서는 이론 수업과 함께 LLM을 활용한 실습 과제를 제공함으로써, 학습자가 배운 내용을 실제로 적용해 보도록 할 수 있다. 프로젝트 기반 학습을 통해 팀원과 협업하고 문제를 해결하는 경험도 중요하다. 또한, LLM은 학습자의 진도를 실시간으로 파악하고 피드백을 제공하여 개별 맞춤 학습이 가능하게 한다.

이러한 교육은 유연성, 맞춤형 지원, 지속 가능성을 기반으로 설계되어야 한다. 즉, 학습자는 자신의 상황과 속도에 맞게 학습을 설계할 수 있어야 하며, LLM은 그에 맞춰 필요한 과제를 제시하거나 난도를 조정할 수 있어야 한다. 또 단기 교육에 그치지 않고 평생 학습의 기반이 되어야 한다.

LLM은 단순히 정보를 검색하거나 문장을 작성하는 도구를 넘어서 진로 탐색, 경력 설계, 자기 주도 학습 등 현대인의 삶 전반에 걸쳐 깊은 영향을 미치는 도구로 발전하고 있다. 그러나 이 기술을 제대로 활용하기 위해서는, 생성형 AI 자체만이 아니라 인간과 직업 그리고 삶에 대한 충분한 이해가 병행되어야 한다. 즉, 기술을 맹목적으로 따르기보다는 인간 삶의 가치와 의미를 중심에 둔 판단력이 필요하다.

따라서 LLM 리터러시는 이러한 기술적 활용 능력과 인간 중심적 사고를 함께 갖추는 역량으로, AI 시대를 살아가는 모든 세대가 필수적으로 갖추어야 할 새로운 시민 능력이라고 할 수 있다. 누구든지 LLM을 활용하여 자신의 미래를 스스로 설계하고, 변화에 능동적으로 대응할 수 있는 힘을 기를 수 있어야 한다.

참고문헌

Bender, E. M. et al.(2021). On the dangers of stochastic parrots: Can language models be too big?. *Proceedings of the 2021*

ACM Conference on Fairness, Accountability, and Transparency(FAccT '21).
Kamalov, F. et al. (2023). Artificial intelligence and education: The importance of teacher and student relations. *Sustainability, 15*(16), 12451.
Kayyali, M. (2024). Digital literacy in higher education: Preparing students for the workforce of the future. International *Journal of Information Science and Computing, 11*(1), 53~73.
OECD(2021). AI and the future of skills, volume 1: Capabilities and assessments.
World Economic Forum(2023). Jobs of tomorrow: Large language models and the future of work.

08
AI를 사용할 때 지켜야 할 윤리

경력 전환 교육은 학습자에게 실질적인 직무 역량을 제공하는 동시에, 기술적 · 사회적 책임을 수반하는 교육 형태다. 특히 대형 언어 모델(LLM)을 포함한 인공지능 기반 교육 시스템이 빠르게 확산되면서, 학습자의 개인정보 보호, 알고리즘 편향성, 공정성 확보 등 윤리적 쟁점이 더욱 중요해지고 있다. 경력 전환 교육 맥락에서 반드시 고려되어야 할 AI 윤리 이슈를 다각도로 조명하고, 교육자 및 개발자가 실천해야 할 윤리적 가이드라인과 미래 방향성을 제시하고자 한다.

AI와 인재 채용?

데이터 프라이버시와 보안 문제

인공지능 기반 교육 시스템은 학습자에게 개인화된 학습 경험을 제공하기 위해 다양한 데이터를 수집하고 활용한다. 이러한 데이터에는 학습자의 이름, 나이, 직업, 학습 성과, 입력한 텍스트, 반응 시간, 심지어는 감정 반응까지 포함될 수 있으며, 이는 경력 전환을 목표로 하는 성인 학습자들에게 특히 민감하게 작용할 수 있다. 예를 들어, 과거 직무 이력, 학습의 취약 영역, 반복적인 오류 유형 등은 사적인 정보로 간주될 수 있으므로 이러한 데이터를 수집·분석하는 데에는 반드시 개인정보 보호를 위한 체계적인 기준과 조치가 필요하다.

법적으로도 이러한 데이터의 수집과 활용은 국내의 〈개인정보보호법〉이나 유럽 연합의 〈GDPR(General Data Protection Regulation, 일반개인정보보호법)〉 등 국제적 기준을 준수해야 한다. 학습자의 동의 없는 데이터 수집이나 수집 목적 외의 사용은 명백한 위법 행위로 간주될 수 있다. 따라서 교육기관이나 기술 제공자는 데이터를 최소한의 범위에서 수집하고, 수집 목적과 활용 방식에 대해 투명하게 고지하며, 저장된 데이터에 대해 암호화 및 익명화 조치를 철저히 시행해야 한다. 아울러 외부 제3자와의 데이터 공유 여부 및 처리 위탁 관련 사항도 학습자의 명확한 동의를 전제로 이루어져야 하며, 정기적인 보안 점검을 통해 시스템의 신뢰도를 확보해야 한다.

생성형 AI는 사용자의 데이터를 기반으로 학습 내용과 피드백을 개인화한다. 예를 들어, 한 중장년층 학습자가 경력 단절 이후 요양보호사 교육을 받는다고 가정하면 AI는 해당 학습자의 나이, 교육 이력, 학습 속도, 과제 결과 등을 종합적으로 분석해 적절한 콘텐츠를 제공할 수 있다. 하지만 이러한 정보들은 매우 민감한 개인정보이기 때문에 이를 안전하게 보호하는 것이 무엇보다 중요하다.

예를 들어, 사용자가 과거 직무에서 겪은 스트레스나 중도 퇴직 이력 등도 입력할 수 있는데, 이 정보가 외부로 유출되면 불이익을 초래할 수 있다. 더욱이 일부 경력이 있는 사용자가 AI 시스템을 테스트하거나 자동화된 시스템의 허점을 악용하여 타인의 데이터를 열람하거나 피드백 시스템을 조작하려는 시도를 하는 경우도 발생할 수 있다. 따라서 교육 기관이나 개발자는 데이터 수집 시 투명한 동의를 얻고, 저장된 데이터는 암호화 및 익명화를 거쳐 안전하게 보관해야 하며, 제3자 제공 시에도 학습자의 동의를 반드시 받아야 한다. 이와 함께 정기적인 보안 점검과 법적 기준(예: 개인정보보호법, GDPR)을 준수하는 시스템 운영이 필수다.

AI의 편향성과 공정성 문제

AI 기술이 교육 시스템에 도입되면서 학습자 맞춤형 콘텐츠 추천이나 자동 평가 기능을 통해 학습 효율성이 크게 향상되고 있다. 그러나 이러한 기술은 동시에 알고리즘이 학습한 데이터의 구조와 사회적 맥락에 따라 '편향(Bias)'을 내포할 수 있으며, 이는 교육의 공정성에 부정적인 영향을 미칠 수 있다. 특히 경력 전환 교육과 같이 다양한 연령, 성별, 사회적 배경을 가진 학습자가 참여하는 과정에서는 편향의 영향이 더욱 두드러질 수 있다.

예를 들어, 여성 학습자에게 기술 직종보다는 서비스 직종을 반복적으로 추천하거나 고령 학습자에게 난도가 낮은 콘텐츠만 제시하는 AI 알고리즘은 이전 노동 시장에서의 차별적 구조를 그대로 재현하는 결과를 낳을 수 있다. 이러한 상황은 학습자의 자율성과 가능성을 제약하며, 교육이 지향해야 할 포용성과 평등의 원칙을 훼손하는 결과로 이어질 수 있다.

따라서 AI 기반 교육 시스템은 공정성을 확보하기 위한 설계가 선행되어야 한다. 이를 위해 먼저 AI 모델이 학습한 데이터셋을 정기적으로 분석하고, 특정 집단에 대한 차별적 판단 경향이 있는지를 점검해야 한다. 둘째, 다양한 연령 · 성별 · 문화적 배경을 반영한 학습 데이터를 활용해 알고리즘의 포용성을 높일 수 있다. 셋째, '휴먼 인 더 루프(Human in the loop)' 시스템을 도입하여, AI가 생성한 학습 경로 및 피드백이 현장 교육자의 윤리적 판단에 의해 수정 · 보완될 수 있도록 해야 한다. 이러한 실천은 교육에서 기술 중심의 자동화가 아닌 인간 중심의 판단과 책임을 강조하는 방식으로 이어져야 한다.

윤리적 기준 준수를 위한 가이드라인

AI를 교육에 도입하는 과정에서는 윤리적 기준을 마련하고 이를 교육 설계자와 개발자가 실천해야 한다. 예를 들어, 한 직업 훈련 기관에서 생성형 AI를 활용해 포트폴리오 작성 수업을 진행할 경우, 학습자에게 AI가 어떻게 작동하는지, 어떤 정보를 바탕으로 결과를 도출하는지 등을 명확하게 설명해야 한다. 이는 학습자가 기술을 신뢰하고 스스로 판단할 수 있도록 도와주는 투명성의 기반이 된다.

그러나 일부 경력이 있는 성인 학습자가 본인의 입지를 강화하거나 경쟁자를 밀어 내기 위해 AI 시스템을 악용하는 경우도 발생할 수 있다. 예를 들어, 채점 기준을 반복적으로 분석하여 허점을 공략하거나 타인의 예시를 모방해 생성된 결과를 자신의 것처럼 제출하는 등의 비윤리적인 활용이 문제될 수 있다. 이러한 시도는 교육의 신뢰성을 훼손할 뿐 아니라 AI 시스템의 오류를 유도해 전체 사용자에게 피해를 끼칠 수 있다.

따라서 AI의 결과를 절대적인 정답으로 받아들이는 것이 아니라 항상 인간의 검토와 조정이 병행되어야 한다. 이와 더불어, 고령자, 장애인, 외국인 등 다양한 사용자를 고려한 접근성 확보도 중요한 윤리적 요소다. 이를 위해 현장에서는 체크리스트 형태의 윤리 기준을 운영할 수 있다.

AI 기술의 확산은 교육자와 개발자 모두에게 윤리적 책임을 갖고 실천 기준을 지닐 것을 요구한다. 단순히 효과적인 시스템을 구축하는 것을 넘어서 기술이 인간 삶에 미치는 영향을 숙고하고, 학습자의 권리를 보장하는 교육 환경을 조성할 필요가 있다. 이에 따라 교육 설계자와 기술 개발자를 위한 윤리 가이드라인을 필수로 마련해야 한다.

첫째, 투명성의 원칙을 기반으로 학습자에게 AI의 작동 방식, 데이터 수집 범위, 응답 생성 로직 등을 명확하게 설명할 수 있어야 한다. 학습자가 스스로 정보를 이해하고 동의할 수 있는 환경을 마련해야 한다는 점에서 기술의 '설명 가능성(Explainability)'은 윤리적 AI의 핵심 요소로 간주된다.

둘째, 책임성과 보완성을 보장해야 한다. AI가 잘못된 정보나 편향된 피드백을 제공했을 때 이를 바로잡고, 그에 대한 결과에 책임질 수 있는 인간 담당자의 역할이 병행되어야 한다.

셋째, 공정성과 포용성을 고려한 시스템 설계를 통해 소외 계층, 비정형 경로의 학습자, 기술에 익숙하지 않은 사용자들까지 고려하는 접근이 필요하다.

이러한 기준을 구체화하기 위해 교육 현장에서는 윤리적 체크리스트를 활용할 수 있다. 예를 들어 'AI가 특정 집단에 불리하게 작용하고 있지는 않은가', '데이터 수집에 대한 명확한 동의가 이루어졌는가', '피드백 결과에 대한 인간의 점검 절차가 마련되어 있는가'와 같은 항목을 체계적으로 점검할 수 있다. 이는 기술 도입 초기뿐 아니라 운영 전반에 걸쳐 반복적으로 검토되어야 할 항목이다.

AI 윤리에 대한 지속적인 논의의 필요성

경력 전환 교육은 단기적인 직업 습득뿐만 아니라 학습자의 정체성과 삶의 방향을 재설계하는 과정이다. 따라서 AI가 제공하는 정보나 조언은 단순한 지식 전달을 넘어서 학습자의 결정에 직접적인 영향을 줄 수 있다. 예를 들어, AI가 특정 직종을 추천했을 때 그 직업이 왜 적합한지 설명해 주지 않고 결과만 제시한다면 학습자는 방향을 잃거나 잘못된 선택을 할 수 있다.

이러한 문제를 방지하려면 교육 과정 안에 'AI 윤리'에 대한 내용도 있어야 한다. AI를 사용하는 방법뿐만 아니라 왜 그렇게 작동하는지, 어떤 오류 가능성이 있는지, 기술이 인간의 삶에 어떤 영향을 미칠 수 있는지에 대한 이해가 함께 이뤄져야 한다. 이는 디지털 시민으로서의 책임, 정보 해석 능력, 비판적 사고력 등을 포함하는 포괄적 AI 리터러시로 이어진다.

AI 윤리는 단순히 기술의 부작용을 방지하기 위한 규범 차원을 넘어 교육의 철학과 가치에 대한 논의로 이어져야 한다. 특히 경력 전환 교육과 같이 사회적 재도약을 준비하는 학습자들이 참여하는 과정에서는 기술의 역할과 한계를 이해하고, 정보 주체로서의 권리를 보장받는 것이 더욱 중요하다.

이러한 맥락에서 교육 현장은 윤리적 AI 활용에 대한 학습자의 인식 수준을 높이고, 이를 위한 교육 내용을 필수로 넣어야 한다. AI를 사용하는 법을 아는 것만큼이나 AI가 왜 그렇게 작동하며 어떤 결과를 초래할 수 있는지를 이해하는 것도 중요하기 때문이다. 이는 정보 해석 능력, 비판적 사고력, 디지털 시민 의식 등을 포함하는 포괄적 'AI 리터러시'로 연결된다.

또한, AI 윤리는 한번 정해진 기준으로 끝나는 것이 아니라 기술 발전과 사회 변화에 따라 계속해서 논의되어야 한다. 특히 LLM의 지속적인 학습 능력은 새로운 문제를 계속 발생시킬 수 있기 때문에 주기적인 평가와 사회적 감시 체계가 필요하다. 정부, 교육 기관, 시민 사회가 함께 참여하는 협의체를 통해 다양한 관점을 반영한 윤리 기준을 마련하고, 이를 반영하는 것이 중요하다.

미래 교육 환경에서의 윤리적 AI 활용 방향성

미래의 교육 현장은 AI가 학습 분석, 콘텐츠 제작, 진로 추천 등 다양한 역할을 수행하게 될 것이다. 그러나 그 중심에는 항상 '사람'이 있어야 한다. AI는 학습자에게 선택지를 제공하는 '조력자' 역할을 해야 하며, 학습자는 이를 참고하여 자신만의 결정을 내려야 한다. 예를 들어,

AI가 추천한 학습 계획이 학습자의 일정이나 생활 패턴과 맞지 않는다면 학습자는 이를 조정하거나 교육자와 상담을 통해 대안을 모색할 수 있어야 한다. 즉, AI의 권위에 의존하는 것이 아니라 AI를 활용하는 주체로서 인간이 중심이 되어야 한다.

또한, 앞으로 등장할 새로운 기술들, 예컨대 감정 분석 AI, 자동화된 면접 평가 시스템 등에 대해서도 미리 윤리적 기준을 마련해 둘 필요가 있다. 이 기준은 학습자의 권리를 보호하고, 기술 남용이나 오작동으로부터 학습자를 안전하게 지켜 주는 역할을 하게 될 것이다.

결론적으로, 윤리적 AI 활용은 단순한 기술적 고려 사항이 아니라 교육의 본질을 지키기 위한 실천이며, 교육자와 개발자, 정책 입안자, 학습자 모두의 공동 책임임을 인식해야 한다.

참고문헌

Binns, R.(2018). Fairness in machine learning: Lessons from political philosophy. *Proceedings of the 2018 Conference on Fairness, Accountability, and Transparency(FAT).*

Binns, R. et al.(2018). 'It's reducing a human being to a percentage': Perceptions of justice in algorithmic decisions. *Proceedings of the 2018 CHI Conference on Human Factors in Computing Systems.*

Crawford, K.(2021). *Atlas of AI: Power, politics, and the planetary costs of artificial intelligence.* Yale University Press.

European Union(2018). General Data Protection Regulation(GDPR).

Jobin, A. et al.(2019). The global landscape of AI ethics guidelines. *Nature Machine Intelligence, 1,* pp.389~399.

McNamara, A. et al.(2018). Does ACM's code of ethics change ethical decision making in software development?. *Proceedings of the 2018 26th ACM Joint Meeting on European Software Engineering Conference and Symposium on the Foundations of Software Engineering.*

Mitchell, M. et al.(2019). Model cards for model reporting. *Proceedings of the Conference on Fairness, Accountability, and Transparency(FAT).*

OECD(2019). Recommendation of the council on artificial intelligence. OECD Legal Instruments.

UNESCO(2022). Recommendation on the ethics of artificial intelligence.

09
AI와 함께하는 평생 학습

AI와 평생 학습의 융합이 미래 경력 전환에 미치는 구조적 변화를 다룬다. 특히 LLM을 중심으로 개인화된 학습 경로와 경력 설계가 어떻게 가능해지는지를 분석하고, 이러한 기술 기반 변화가 경력 전환 교육에 갖는 정책적 시사점을 제시하고자 한다. AI는 학습자 주도성 강화와 교육-고용 연계를 촉진하는 핵심 수단으로 부상하고 있다. 이 장에서는 이러한 흐름 속에서 경력 전환 지원 체계의 재구조화를 모색한다.

AI와 기자?

디지털 전환 시대의 경력 변화와 평생 학습

전통적인 직업 구조가 급속히 해체되고 새로운 기술 기반 직무가 등장하는 디지털 전환 시대에 개인은 단일 직업 경로에서 다중 경력 경로로 이동하고 있다. 이에 따라 중·장년층을 포함한 전 세대에서 '경력 재설계'와 '생애 전환'이 일상화되고 있으며, 평생 학습은 선택이 아닌 필수 조건으로 자리 잡고 있다. 이러한 전환 과정에서 AI, 대형 언어 모델(LLM, Large Language Model)은 학습의 개인화, 경력 매칭, 학습 경로 유연화 등에서 핵심 도구로 주목받고 있다.

국제기구들 또한 이러한 변화의 의미를 적극적으로 조명하고 있다. AI와 데이터 기반 학습이 이전의 정형화된 교육 경로를 탈피하여 맞춤형 평생 학습 생태계 구축에 기여할 수 있다는 평가를 받았다(OECD, 2023). 기술 격차가 성인 학습자의 참여를 방해할 수 있음을 지적하며 형평성과 포용성의 원칙을 강조해야 한다는 주장도 제기되었다(UNESCO, 2021). AI와 자동화의 확산으로 경력 전환이 일상화되며, 민관 협력 기반의 재교육이 긴요하다는 관점도 제시되었다(World Economic Forum, 2025). 이러한 관점들은 모두 경력 전환 교육이 단순한 직무 전환 지원을 넘어 기술 환경 변화에 대응하는 전략적 평생 학습 체계로 진화해야 함을 시사한다.

AI 기반 맞춤형 학습 경로의 가능성

인공지능 기술은 학습자 개인의 이력, 성향, 역량 수준을 종합적으로 분석하여 그에 최적화된 학습 경로를 설계할 수 있는 가능성을 열어 주고 있다. 특히 경력 전환이라는 불확실한 국면에 직면한 성인 학습자에게는 현재의 자기 위치를 진단하고 필요한 역량을 식별하며, 이를 보완하기 위한 구체적인 학습 계획을 수립하는 과정이 결정적인데, AI는 이러한 과정을 보다 정교하고 체계적으로 지원할 수 있는 기술적 기반을 제공한다.

예를 들어, 학습자의 직무 경험, 이전 교육 이력, 선호도, 학습 스타일 등을 통합적으로 반영하여, 그에 적합한 교육 콘텐츠를 추천하고 학습 순서를 조율할 수 있으며, 중간 점검을 통해 학습 경로를 유연하게 조정하는 것도 가능하다. 이러한 역량 기반 학습은 특히 경력의 공백이 있거나 새로운 산업 분야로의 진입을 고려하는 학습자에게 실질적 도움을 줄 수 있다.

AI 기반 학습 경로 설계는 교육 기관에만 국한되지 않는다. 기업이나 고용 기관 또한 AI를 활용하여 인사 관리 시스템과 교육 시스템을 연계해 내부 인재의 재교육과 직무 재배치를 보다 전략적으로 수행할 수 있다. 즉, 학습과 노동의 경계가 흐려지는 현대 사회에서 AI는 교육과 고용을 매개하는 인프라로 작동하며, 개인과 조직 모두의 지속 가능한 전환을 가능케 한다.

이러한 방향성은 국제기구의 권고에도 나타난다. 경제개발협력기구(OECD)는 2023년 《OECD 디지털 교육 전망 2023(OECD Digital Education Outlook 2023)》 보고서에서 AI 기술이 제공하는 개인화된 학습 경로가 특히 성인학습자의 참여를 촉진하고, 교육 기회의 불균형을 완화하는 데 기여할 수 있다고 강조했다. AI는 단순한 추천 알고리즘을 넘어 성과 기반 학습 진단과 맞춤형 경로 제공을 통해 성과 중심의 평생 학습 체계를 실현할 수 있는 핵심 수단으로 간주되고 있다.

유네스코 역시 2023년 발표한 기술 교육 보고서를 통해, AI 기반 학습 설계가 정보 접근성과 학습 효과성을 동시에 제고할 수 있으며, 특히 중저소득 국가나 학습 자원 취약 계층의 교육 기회 보장에 기여할 수 있다고 평가했다. 이는 AI 기술이 단순히 개인 수준의 학습 효율을 높이는 것을 넘어 사회적 포용성과 형평성을 실현하는 도구로 확장될 수 있음을 시사한다.

결과적으로, AI를 활용한 맞춤형 학습 경로는 학습자

의 자기 주도성과 지속적 성장 가능성을 제고함과 동시에, 교육 기관과 고용 기관의 전략적 목표 달성에도 기여할 수 있는 융합적 가능성을 마련할 수 있다. 향후 경력 전환 지원 체계가 보다 정교하고 현실성 있게 작동하기 위해서는 이와 같은 AI 기반의 학습 경로 설계가 제도적으로 뒷받침되어야 할 것이다.

자율 학습 환경으로서의 AI 생태계

AI는 물리적 교실과 시간의 제약을 뛰어넘는 자율 학습 환경을 제공한다. 특히 챗봇과 같은 대화형 AI는 학습자와의 상호작용을 통해 지식 전달뿐 아니라 사고 확장을 유도하며, 이는 전통적 교수자 중심 구조를 학습자 중심으로 전환하는 계기가 된다.

AI 도구를 활용한 자기 주도 학습은 학습자의 자기 효능감과 몰입도를 향상해 경력 전환기의 불확실성과 심리적 저항을 극복하는 데 긍정적인 영향을 줄 수 있다. 또한 디지털 학습 플랫폼은 공공성과 유연성을 동시에 확보할 수 있는 수단으로서, 특히 저소득층과 경력 단절자의 학습 접근성을 높이는 데 기여한다.

AI 리터러시와 학습자 주도성

AI 기반 학습 환경이 학습자에게 실질적 가치를 제공하기 위해서는 기술의 존재 자체보다 그것을 비판적이고 능동적으로 활용할 수 있는 학습자의 역량, 즉 AI 리터러시가 핵심 전제 조건으로 작동한다. AI 리터러시는 단순한 도구 조작 능력을 넘어 AI의 작동 원리, 알고리즘의 편향 가능성, 데이터 기반 의사 결정 구조, 정보 윤리와 프라이버시 문제 등에 대한 통합적 이해가 수반되어야 한다. 이러한 이해는 학습자가 AI의 결과를 맹목적으로 수용하는 것이 아니라 해석하고 평가하며 적절히 활용하는 비판적 주체로 기능할 수 있는 기반이 된다.

유네스코(UNESCO, 2021)는 AI 기술이 교육 현장에 광범위하게 도입되고 있는 현재, 학습자의 기술 의존도를 줄이고 주도적 학습 문화를 확산하기 위해서는 AI 리터러시 교육이 필수라고 지적했다. 이는 단순히 신기술을 사용하는 법을 가르치는 것을 넘어 AI와 인간의 역할을 구분하고 기술을 비판적으로 활용할 수 있는 사고의 틀을 형성하는 과정이다.

특히 경력 전환기에 있는 성인 학습자에게는 AI 리터러시가 경력 설계의 핵심 자원으로 작용한다. AI를 활용하여 자신의 역량을 진단하고, 관련 직무와 학습 경로를 탐색하며, 정보의 진위와 적절성을 판단하는 전 과정에서 리터러시 수준이 곧 학습의 질과 성과를 좌우한다. OECD(2023) 역시 AI가 교육 불평등 해소에 기여할 수 있으나, 동시에 기술 접근성과 리터러시 수준의 격차가 새로운 형태의 교육 불평등을 야기할 수 있다고 경고한 바 있다. 따라서 단순한 기술 확산보다 역량 기반의 접근이 선행되어야 함을 강조한다.

이러한 맥락에서 평생 학습 체제는 단순한 기술 인프라 도입을 넘어서 AI 리터러시를 중심에 둔 교수-학습 설계와 커리큘럼 개발이 병행되어야 한다. 이는 학습자 스스로 자신의 경력, 학습 목표, 성장을 능동적으로 설계하고 조정해 나가는 자기 주도 학습자로 성장할 수 있는 구조를 제공한다. 특히 AI 기반 학습 환경이 점차 확대되는 상황에서 이러한 역량은 개인의 직업적 생존뿐 아니라 사회적 시민성 확보 차원에서도 필수적인 교육 요소로 자리매김하고 있다.

교육기관과 기업의 협력 전략

AI 기반 경력 전환 교육의 실효성을 확보하기 위해서는 교육 기관과 산업계 간의 전략적 협력이 핵심 전제 조건으로 작동한다. 기술 기반 학습 환경이 고도화됨에 따라 교육은 더 이상 단절된 지식 전달의 공간이 아니라 산업 수요에 유기적으로 연결된 학습 생태계의 일부로 재구성되고 있다.

특히 AI 기술은 교육 기관의 학사 · 학습 관리 시스템(LMS, Learning Management System)과 기업의 인사 관리(HR, Human Resources) 시스템을 통합적으로 연계할 수 있는 가능성을 제공한다. 예를 들어, 교육 기관에서 AI를 활용해 추천한 개인 맞춤형 학습 경로가 기업의 직무 기술서(Job Description)와 매칭될 경우, 해당 데이터를 기반으로 기업은 적합 인재를 선제적으로 탐색하거나 있던 인력을 적재적소에 재배치할 수 있다. 이는 단순한 채용 효율성 향상을 넘어 역량 기반 경력 관리가 가능한 환경을 구축하는 기반이 된다.

한편, 기업은 내부 인력의 성과 데이터와 AI 분석 결과를 바탕으로 중장기 인재 육성 전략을 수립할 수 있으며, 이를 통해 경력 전환을 준비 중인 인재들에게 맞춤형 재교육 및 업스킬링 기회를 제공할 수 있다. 이 과정에서 교육 기관은 산업계의 요구를 반영한 교육 콘텐츠를 설계하고, 실시간 피드백을 통해 교육 과정의 질을 지속적으로 개선할 수 있다.

세계은행(World Bank, 2023)은 이러한 공공-민간 협력 기반의 학습 플랫폼이 디지털 교육의 지속 가능성과 포용성 확대에 핵심 역할을 한다고 평가했다. 특히 지역 단위의 평생 학습 생태계 내에서 공공 기관, 지방 정부, 대학, 산업체가 공동으로 참여하는 AI 기반 학습 플랫폼은 지역의 고용 수요와 학습자 개인의 성장 경로를 효과적으로 연결하는 중간 플랫폼으로 작동할 수 있다.

이러한 협력 구조는 교육이 단순한 사전 이수가 아니라 경력 전환과 직무 수행을 동시에 지원하는 통합적 기능을 수행할 수 있도록 한다. 따라서 향후 경력 전환 교육은 AI 기술을 매개로 한 교육-고용 연계 시스템 구축을 중심으로 정책적 · 제도적 지원이 강화되어야 하며, 이는 보다 유연하고 지속 가능한 인재 생태계 조성으로 이어질 수 있다.

정책적 시사점

AI와 평생 학습의 융합은 단순한 기술적 진보를 넘어 경력 전환 교육의 패러다임 전환을 유도하는 전략적 계기가 되고 있다. 특히 LLM과 같은 생성형 AI의 발전은 개인의 학습 데이터와 경력 맥락을 정교하게 반영한 맞춤형 학습 설계와 경력 탐색을 가능케 했다. 이는 생애 주기 전반에 걸친 경력 설계의 동반자로서 AI의 역할을 재

조명하게 만든다.

OECD(2023)는 AI 기술이 학습자 중심 교육의 전환을 촉진하며, 성인 학습의 지속성과 사회적 참여를 높이는 데 기여할 수 있다고 강조한 바 있다. 더불어 유네스코(UNESCO, 2021)는 기술 기반 교육이 이전의 교육 불평등을 심화할 수 있는 양면성을 지적하면서, AI 리터러시 및 포용적 접근을 보장하는 정책 설계의 필요성을 강하게 제기했다. 세계은행(World Bank, 2023) 또한 디지털 경력 전환 교육의 확산을 위해 공공-민간의 협력 구조와 지역 기반 플랫폼 구축을 정책 우선 과제로 제시하고 있다.

이러한 흐름을 종합적으로 고려할 때, 경력 전환 교육의 질적 혁신을 위해 다음과 같은 정책적 대응이 마련되어야 한다.

첫째, AI 리터러시 강화 및 디지털 격차 해소다. 기술 활용 역량의 불균형은 학습 기회의 불균형으로 이어질 수 있으므로, 국가 차원의 기초 AI 교육 확대와 지역별 맞춤형 디지털 교육 인프라 구축이 필수다.

둘째, 공공-민간 협력 기반의 AI 학습 플랫폼 구축이다. 교육 기관과 산업계, 지방 정부가 공동 참여하는 개방형 플랫폼을 통해 경력 설계, 학습, 고용의 순환 체계를 통합할 수 있어야 한다.

셋째, 데이터 기반 경력설계 컨설팅 서비스 개발이다. 개인의 이력, 역량, 시장 수요 등을 통합 분석하여 실시간 경력 경로를 제안하는 맞춤형 서비스가 필요하며, 이는 공공 고용 센터 및 대학의 평생 교육 체계와 연계될 수 있다.

넷째, 지역 기반 학습 생태계와 AI 기술의 연계 강화다. 디지털 기술을 중심으로 한 지역 단위 학습 공동체 조성은 고용 회복력 향상과 지역 균형 발전에도 긍정적 효과를 가져올 수 있다.

결론적으로, AI는 평생 학습의 접근성과 효율성을 극대화할 수 있는 도구인 동시에, 개인의 삶과 경력 전환에 대한 주체적 탐색을 지원하는 생애 설계 파트너로 자리매김하고 있다. 향후 경력 전환 교육은 AI와의 융합을 통해 보다 유연하고 포용적이며 지속 가능한 방향으로 재편될 수 있으며, 이는 개인의 성장뿐만 아니라 사회 전체의 역동성과 포용성을 강화하는 기반이 될 것이다.

참고문헌

Igbokwe, I. C. (2023). Application of artificial intelligence (AI) in educational management. *International Journal of Scientific and Research Publications, 13*(3), 300.

OECD(2023). Digital education outlook 2023: Towards an effective digital education ecosystem.

UNESCO(2021). AI and education: Guidance for policy-makers.

Wang, Z. et al.(2023). Turning large language models into AI assistants for education. *Computers and Education: Artificial Intelligence, 4*(1), 100204.

World Bank(2023). Digital pathways for education: Enabling greater impact for all.

World Economic Forum(2025). Future of jobs report 2023.

10
디지털 시대의 교육, 앞으로 어떻게 바뀔까

AI와 디지털 기술의 눈부신 발전은 교육의 구조적 전환을 불러일으키고 있으며, 이는 단순한 전달 방식의 변화에 머무르지 않고 교육의 철학과 목적 자체에까지 영향을 미치고 있다. 특히 직업의 불안정성과 빠른 기술 교체 주기가 특징인 현대 사회에서 디지털 학습 혁신은 경력 전환 교육의 핵심 기반으로 자리매김하고 있다. 디지털 기반 학습 혁신의 개요와 그것이 경력 전환 교육에 미치는 실질적 가능성을 종합적으로 고찰하고, 미래 교육이 나아가야 할 방향성을 정리하고자 한다.

AI와 미래 의사?

디지털 학습 혁신의 개요

디지털 학습 혁신이란 디지털 기술을 통해 교육의 내용, 방식, 접근성, 평가 체계를 근본적으로 재구성하는 과정을 의미한다. 이는 단순한 콘텐츠의 전자화(e-learning)를 넘어서 빅데이터 기반 분석, AI 튜터링, 맞춤형 학습 경로 설계, 실시간 피드백 제공 등 다양한 기술의 융합을 포함한다. 경력 전환 교육에서는 특히 이러한 혁신적 접근이 중장년층, 여성, 비전공자 등 다양한 학습자층의 학습 진입 장벽을 낮추고, 개인의 맥락에 맞는 교육을 제공해 직업 현장에 재진입하도록 유도하는 데 효과적으로 작용하고 있다.

예를 들어, 마이크로 러닝, 시뮬레이션 기반 학습, 프로젝트 중심 학습(PBL, Project-Based Learning) 등은 전통적인 이론 위주의 교육 방식과는 달리 실무 중심의 직무 능력 향상에 기여하고 있으며, 이는 경력 전환에서 교육의 실효성을 높이는 핵심 요인으로 작용한다.

LLM과 AI 기술의 중요성 재확인

특히 LLM을 포함한 AI 기술의 등장은 이러한 디지털 학습 혁신을 구조적으로 뒷받침하는 중심축이 되고 있다. LLM은 개인화된 학습 콘텐츠 생성, 자동화된 피드백 제공, 학습자의 이해 수준 분석, 취업 지원 서비스 등 다양한 기능을 수행하며, 경력 전환 교육의 질적 향상과 효율성 증대에 기여하고 있다.

기술의 발전은 단지 교육을 더 편리하게 만들었다는 차원을 넘어 학습자의 내재적 동기를 자극하고, 지속적인 학습 참여를 유도하며, 학습 과정을 '개인화된 성장 여정'으로 전환했다. 이는 교육 효과의 실질적 향상이라는 관점에서 매우 고무적인 변화라 할 수 있다.

개인의 성장과 직업 기회 확대

경력 전환 교육은 단순히 직업을 바꾸기 위한 과정이 아니라 개인의 삶의 주체성과 가능성을 확장하는 중요한 성장 경로이기도 하다. 학습자는 교육을 통해 자신의 역량을 재발견하고, 새로운 영역에 도전하며, 미래 직무에 필요한 기술을 획득함으로써 자기 효능감을 높일 수 있다.

특히 AI 기반의 경력 설계 플랫폼이나 학습 지원 시스템은 개인의 경로를 분석하여 새로운 직무군이나 산업 분야를 탐색하도록 돕고, 이를 통해 실질적인 직업 기회의 다양성을 열어 준다. 이러한 구조는 사회 전반의 직업 이동성과 노동 시장 유연성을 높이는 데도 기여하며, 결과적으로 고용의 질을 향상하는 방향으로 작용한다.

미래 교육 모델의 발전 방향

AI와 디지털 기술이 교육에 미치는 영향은 앞으로 더욱 심화될 것이며, 이에 따라 교육 모델 역시 지속적인 발전이 필요하다. 미래의 교육은 획일적인 커리큘럼 중심에서 벗어나 학습자의 목표, 배경, 현재 수준에 따라 유동적으로 조정되는 유연한 구조를 갖추게 될 것이다. 이는 '맞춤형 · 적응형 학습(adaptive learning)'이라는 방향성 아래 지속 가능한 기술 활용이 가능한 학습 시스템으로 구축되어야 한다.

또한, 변화하는 직업 환경에 적응하기 위해서는 이론 중심의 교육만으로는 부족하며 문제 해결 중심, 협업 중심, 창의 중심의 역량 기반 교육이 필요하다. AI는 이러한 교육 방식의 구현을 실질적으로 가능하게 하는 도구이며, 향후 교육 접근법의 핵심 매개체로 자리 잡을 것이다.

지속적인 학습과 적응의 필요성

무엇보다도 디지털 학습 환경에서 강조되어야 할 요소는 지속적 학습(continuous learning)의 중요성이다. 급변하는 산업 구조 속에서 한 번의 교육이 평생의 경쟁력을 보장하지 못하는 시대가 도래하였으며, 이에 따라 누구나 학습을 중단 없이 이어 가야 할 필요성이 커지고 있다. 따라서 학습자 스스로가 지속적으로 역량을 갱신하고, 변화에 능동적으로 대응할 수 있는 학습 생태계가 조성되어야 한다.

또한, 개인의 노력뿐 아니라 조직 차원에서의 학습 촉진 문화 조성과 정책적 지원도 병행되어야 한다. 기업은 학습을 업무의 일부로 간주하고 지속적인 교육 기회를 제공해야 하며, 국가와 지자체는 평생 학습 기반의 제도와 예산을 확충해 사회 전반의 학습 문화 정착을 도모해야 한다.

결론적으로, 디지털 학습 혁신과 경력 전환 교육은 상호보완적인 관계 속에서 개인과 사회의 지속 가능성을 확보하는 중요한 전략으로 자리 잡고 있다. 인공지능의 진보와 평생 학습의 문화가 결합된 교육 패러다임은 이제 막 시작된 여정에 불과하다. 앞으로의 과제는 이 혁신적 가능성을 단발적 시도에 그치지 않고, 모든 시민이 참여할 수 있는 지속 가능하고 포용적인 학습 체계로 확장하는 데 있다. 이를 위해서는 기술, 교육, 정책, 산업이 함께 움직이는 총체적 접근이 필요하며, 이는 미래 교육의 지속성과 인간 중심의 발전을 위한 필수 조건이 될 것이다.

"왜, 우리는 AI와 함께 경력을 새롭게 설계해야 할까"라는 질문에서 출발해 빠르게 변화하는 디지털 시대에서 AI, 특히 LLM을 중심으로 경력 전환 교육의 방향성과 가능성을 고찰하고자 했다. 우리는 더 이상 한 직업으로 평생을 살아가는 시대에 머무르지 않는다. 기술의 진보와 산업 구조의 재편은 직업의 형태를 바꾸고 있으며, 이에 따라 개인은 끊임없는 학습과 경력 전환을 요구받고 있다.

이러한 환경에서 AI는 단순한 도구를 넘어 인간의 경력 생애를 함께 설계하는 동반자가 되어 가고 있다. 특히 LLM은 개인의 경험과 이력, 성향과 목표를 반영하여 학습 경로를 추천하고, 새로운 직무 역량을 개발할 수 있도록 지원한다. 학습자 중심의 교육, 자기 주도 학습, 평생학습의 구조 속에서 LLM은 시간과 공간의 제약을 넘어서며 누구나 '나만의 학습 여정'을 설계할 수 있게 해 준다.

그러나 AI가 모든 문제의 해답이 될 수는 없다. AI의 활용은 철저한 인간 이해와 교육 철학 위에서만 의미를 가진다. 기술은 어디까지나 수단일 뿐이며, 학습자 스스로가 비판적 사고, 창의성, 문제 해결력, 공동체적 책임감 등의 역량을 바탕으로 AI를 활용할 수 있어야 한다.

따라서 이 책은 기술 리터러시, 그중에서도 'LLM 리터러시'를 중심 역량으로 제시했다. LLM 리터러시는 단순히 생성형 AI 툴을 다루는 기술을 넘어 알고리즘의 편향을 이해하고, 데이터 윤리를 인식하며, AI가 제시하는 정보의 의미를 해석하고 판단할 수 있는 능력까지 포괄한다.

또한, 경력이 있는 사람들이 AI 도구를 이용하여 타인의 콘텐츠를 무단으로 복제하거나 학습 기록을 조작해 허위의 경력이나 자격을 주장하는 등의 비윤리적 행위도 경고하고자 한다. 기술의 고도화는 인간의 편의를 증대시키는 동시에 그 책임 역시 강화된다. AI 시대의 경력 전환은 인간의 윤리적 기준과 자기 성찰 없이 이루어질 수 없다.

결국 이 책은 한 가지 질문으로 돌아온다. "왜, 우리는 AI와 함께 경력을 새롭게 설계해야 할까?" 그 이유는 단순하다. 더 이상 미래를 예측할 수 없는 시대에서 인간은 끊임없이 적응하고 재구성하며 성장해야 하기 때문이다. 그리고 그 과정에서 AI는 지침서가 아니라 함께 대화하고 길을 찾아가는 동료가 되어 줄 수 있다. 우리 앞에 펼쳐진 새로운 경력 설계의 여정에서 AI와의 협업은 선택이 아니라 필수가 되어 가고 있다.

이제 각자의 자리에서 이 질문을 다시 던져 보기를 바

란다. "나는 지금, 어떤 삶을 그리고 있으며, AI와 함께 그 길을 어떻게 걸어갈 것인가?"

참고문헌

McKinsey & Company(2018). *How will automation affect jobs, skills, and wages?.* McKinsey Global Institute.

OECD(2018). The future of education and skills: Education 2030.

Selwyn, N.(2019). *Should robots replace teachers?: AI and the future of education.* Polity Press.

Siemens, G.(2013). Learning Analytics: The Emergence of a Discipline. *American Behavioral Scientist, 57*(10), pp.1380~1400.

UNESCO(2019). Futures of education: Learning to become.

World Economic Forum(2025). Future of jobs report 2023.

이성태

서울사이버대학교 공과대학 컴퓨터공학과 교수다. 조선대학교 전자계산학 전공으로 이학박사 학위를, 고려대학교 문화콘텐츠 전공으로 문학박사 학위를 받았다. 서울사이버대학교 교무처장·학생처장·공과대학학장, 육군 발전자문위원회 정책 분과 자문위원, 도봉구 업무 평가위원회 위원을 역임했다. 현재 서울사이버대학교 에듀테크 연구소 소장, 국방융합대학 학장, 광진구청·동대문구청 정보화추진위원회 위원, 한국원격대학협위회 AI융합교육원 운영위원, 직업능력 심사평가원 컨설턴트, 능력개발교육원 교직 분야 보수 교육 강사로 활동하고 있다. 주요 저서로 《인공지능과 감성공학》(2025), 《인공지능 윤리로 갓생살기 KMOOC 인공지능 윤리 강의를 책으로 읽다!》(2022), 《메타버스의 정석 feat. 게더타운》(2022), 《온라인 강의 콘텐츠 쉽게 만들기》(2020) 등이 있다. "확장형 온라인 교육을 위한 메타버스 플랫폼 시나리오와 설계 및 구현 연구"(2024), "경력전환교육을 위한 대형언어모델(LLM)의 접근성: 체계적 문헌연구"(2025), "AI and Creativity in Entrepreneurship Education: A Systematic Review of LLM Applications"(2025) 등의 논문을 학술지에 게재했다.